[英] 温斯顿·丘吉尔一著　　李国庆等一译

CHURCHILL'S MEMOIRS OF WORLD WAR II

丘吉尔二战回忆录

捷报频传

SPM 南方传媒 | 广东人民出版社

·广州·

图书在版编目（CIP）数据

捷报频传 /（英）温斯顿 · 丘吉尔著；李国庆等译.
广州：广东人民出版社，2024. 8. --（丘吉尔二战回忆录）. -- ISBN 978-7-218-17983-4

Ⅰ. K835.617=5；K152

中国国家版本馆 CIP 数据核字第 2024A6Z162 号

QIUJI'ER ERZHAN HUIYILU · JIEBAO PINCHUAN

丘吉尔二战回忆录 · 捷报频传

[英] 温斯顿 · 丘吉尔 著　李国庆等 译

出 版 人：肖风华

责任编辑：范先鋆　戴璐琪
责任技编：吴彦斌
封面设计：贾　莹

出版发行：广东人民出版社
地　　址：广州市越秀区大沙头四马路 10 号（邮政编码：510199）
电　　话：（020）85716809（总编室）
传　　真：（020）83289585
网　　址：http://www.gdpph.com
印　　刷：三河市人民印务有限公司
开　　本：787 毫米 × 1092 毫米　1/16
印　　张：12.75　　　**字　　数**：184 千
版　　次：2024 年 8 月第 1 版
印　　次：2024 年 8 月第 1 次印刷
定　　价：68.00 元

如发现印装质量问题，影响阅读，请与出版社（020-87712513）联系调换。
售书热线：（020）87717307

《丘吉尔二战回忆录》 译者

（排名不分先后）

李国庆　张　跃　栾伟霞　曾钰婷　刘锡赟　张　妮

李楠楠　汤雪梅　赵荣琛　宋燕青　赖宝滢　张建秀

夏伟凡　王　婷　江　霞　王秋瑶　郑丹铭　姜嘉颖

郭燕青　胡京华　梁　楹　刘婷玉　邓辉敏　李丽枚

郭铁凡　郭伊芸　韩　意　李丹丹　晋丹星　周园园

王瑨珽

战争时：　意志坚定

战败时：　顽强不屈

胜利时：　宽容敦厚

和平时：　友好亲善

致　谢

在完成前几卷的过程中，陆军中将亨利·波纳尔爵士、艾伦海军准将、迪金上校以及已故的爱德华·马什爵士、丹尼斯·凯利先生和伍德先生都曾给予我很大的帮助，我必须再次向他们表达我衷心的谢意。此外，我还应当感谢仔细阅读初稿，并提出建议的许多其他人士。

写作过程中，空军上将盖伊·加罗德爵士为我提供了空军方面的资料，在此一并谢过。一直以来，伊斯梅勋爵以及我的其他朋友都不断给予我帮助。

承蒙政府的准许，我得以复制一些官方文件——其王家版权为政府文书局局长所有，特此致谢。遵照政府的要求，出于安全考虑，我对本卷①刊登的某些电文进行了改写。这些改动没有影响原文的内容和本质。

罗斯福财物保管理事会允许我援引总统的电文，对此我表示感谢。此外，对那些同意刊登其私人信件的人们，我同样致以谢意。

---

① 原卷名为“胜利与悲剧”，现分为《盟军登陆》《捷报频传》《胜利近在眼前》《铁幕落下》四册。——编者注

前　言

本卷（《盟军登陆》《捷报频传》《胜利近在眼前》《铁幕落下》）宣告了整个二战回忆录的尾声。英美部队于1944年6月6日登陆诺曼底；十四个月后（1945年8月），我们的敌人全部投降。此间发生的一系列重大事件让这个文明世界为之震惊：纳粹德国溃败并被瓜分占领、苏联确立了在东欧的中心地位、人类第一次在战争中使用原子弹、日本战败。

和前几卷一样，我会就我所知进行讲述；当时我作为英国首相和国防大臣也亲身经历了这一切。我对二战的讲述也基于当年在严酷考验下撰写的文件和演讲稿，因为我坚信这些史料比事后的想法更加真实、可靠。本书原稿大约两年前就已完成。然而书中所述事实仍需查证，所含原始文件的发表也需征得各方同意，但由于我事务缠身，无法亲力亲为，因此只能对这一过程进行监督。

我为本卷取名为“胜利与悲剧”，因为伟大的盟国虽然取得了决定性的胜利，但迄今为止并未给这个令人忧心忡忡的世界带来和平。

温斯顿·丘吉尔

于肯特郡，韦斯特勒姆，恰特韦尔庄园

1953年9月30日

目录
CONTENTS

第一章　在缅甸境内挺进 / 001

第二章　莱特湾战役 / 011

第三章　西欧的解放 / 023

第四章　访问莫斯科的序幕 / 037

第五章　10 月在莫斯科 / 059

第六章　巴黎 / 077

第七章　阿登的反扑 / 097

第八章　英国介入希腊事务 / 117

第九章　雅典的圣诞节 / 139

附录（1）/ 157

附录（2）/ 163

附录（3）/ 172

第一章

ONE

在缅甸境内挺进

日军遭受毁灭性损失——第十四集团军的推进——对抗季风——他的“战神旅”——德军的抵抗迫使我方延迟进攻仰光——继续推进——美军高级指挥官的变动——中国的危机——撤离两个中国师和美国空运中队——向曼德勒挺进——滇缅路重新打通——冬季的若开作战——攻占阿恰布①

缅甸的战局摇摆不定，截至目前，那里的主动权即将落入我方手中。1944 年 6 月底，日本进攻英帕尔山地高原受阻，宣告他们入侵印度的计划彻底破灭。当时，北方的援军成功与斯库恩斯将军率领的正在突围的卫戍部队会师。通往迪马普尔的路开通了，车队蜂拥而至。但我们仍需将三个日本师团赶回钦敦江对岸去，他们就是从那里入侵的。日军遭受了毁灭性的损失，超过一万三千名日军死在战场上，据日本方面估计，倘若算上死于伤病、饥饿的人数，共有六万五千名日军死亡。此刻，季风最盛，前几年一到这个时候，所有行动都被迫中止。毫无疑问，日军正在等待这一时机，以期解救并重整现已筋疲力尽的第十五师团。然而，他们没有得到这样的喘息机会。

在强势的斯利姆将军的领导下，英印第十四集团军采取攻势。第三十三军首先肃清了乌克鲁尔周围地区，而第四军则收复了英帕尔平原的南部地区。7 月底，日本的抵抗已经被彻底粉碎，第三十三军发动一次追击，一直追到钦敦江。他们发现山路边留下了大量被丢弃的

① 若开邦首府，是缅甸孟加拉湾沿岸的最大城市和海港。英国统治时期名“阿恰布”，缅甸独立后恢复原名——实兑。——译者注

运输工具和武器装备；数以千计的敌人躺在地上，有的已经死亡，有的奄奄一息。印度第五师正在朝南边的铁定迅猛推进。刚开始的时候，他们的任务十分艰巨。和他们交锋的日本第三十三师团，与其他日军不同，没有受到沉重打击，且已等到援军。蜿蜒的山路非常狭窄，很容易防守。日军的阵地一个接一个被攻下，在我方步兵发动攻击前，皇家空军第二百二十一大队在空军中将文森特的指挥下，对敌军阵地进行了猛烈轰炸。此刻，我们在这一地区的行进速度和在缅甸其他地区一样缓慢，只能用英里计算。但是我们的士兵在热带雨林中战斗，全身湿透，从没干过。所谓的路在天气好的时候尘土飞扬，此刻则满是泥泞。在这样的路上行驶，我们的大炮和车辆很多时候都要靠人力去推。真正让我们惊讶的不是行进速度的缓慢，而是能在如此恶劣的环境下还能前进。

我们的部队被迫在若开地区采取积极的防守策略。该处为丛林交错的山区，沿岸只有红树林沼泽地和一段狭窄的稻田，一周的降雨量有时候可以达到二十英寸①，无法进行大规模行动。北方战线上，史迪威将军的部队稳步前进。8 月 3 日，他们攻下密支那，此处可以作为将来陆上行动的前进基地，更为重要的是，还可以作为美国向中国空运的中转站。这样一来，著名的“驼峰航线”就无须从阿萨姆北部地区飞越崇山峻岭直达昆明了，那样太过凶险。以阿萨姆北部为起点的长长的公路正在施工中，这条路将会和之前缅甸通往中国的路连接起来。新铺设的从加尔各答出发的七百五十英里的输油管道，缓解了阿萨姆后方交通线的压力，这条管道比从伊拉克到海法的那条著名的沙漠油管覆盖的范围还要广。

为了向南进军，史迪威将他手下的五个中国师整编成两个“集团军”，一支从密支那往八莫和南坎挺进，另一支往瑞姑和杰沙前进，后者被编入英国第三十六师，该师由史迪威率领。英国第三十六师负责接替由郎坦将军率领的钦迪特旅，郎坦的部队在经历了近六个月艰苦

---

① 伦敦每年平均降雨量大约为二十四英寸。

卓绝的战斗后打败了至少十一个营的敌军，他们现在已经撤回，进行必要的休整。史迪威将手下的“战神旅”作为后备，这是一支一万人左右的轻装机动部队，主要力量为美国的一个团。8 月初，史迪威率领这些军队跨越伊洛瓦底江，同东部侧翼的中国部队建立联系，他们约有十万人，正从萨尔温江向南坎进发。

*　　*　　*

关于东南亚地区未来行动的计划，我们此刻又一次进行了审查。在和手下的三名总司令，即海军上将萨默维尔、陆军上将吉法德和空军上将皮尔斯商量之后，蒙巴顿前往伦敦说明他的计划。他已经决定从陆上推进至缅甸中部，直到第十四集团军跨过钦敦江与北部的史迪威部会师。但随着交通线日益拉长，赖以生存的补给飞机数量又十分有限，他是否能从曼德勒进抵仰光还是个疑问。因此，他提议在仰光实施本套书第二十五册第十章中提到的，代号为“吸血鬼”的大规模两栖作战计划。一旦在仰光建立基地，他的军队便可以向北进发与第十四军会师。这个主意很好，但需要的部队和船只数量要远超蒙巴顿现有的规模，这些部队和船只只能从西北欧调拨。

魁北克会议的一份会议记录里包含了我对这一计划和其他方案的看法。

首相致伊斯梅将军，转参谋长委员会：

对日作战

1. 英国有两种方式参与这场战斗：一是直接参与一项美国在远东的行动，二是进行一次大规模的牵制行动，从陆上和空中消耗敌军力量并收复被日本占领的英国土地。上述两种方案，我倾向于后者，因为：

(1) 一直以来大家公认最安全的方法是把握先机，在最近的地方尽可能久地牵制最大数量的敌军。

（2）为此，我们最好跨过孟加拉湾这一小段距离，率先朝“吸血鬼”（仰光）、“长炮”（苏门答腊），或其他可行目标发起直接进攻。

（3）交通线一拉长，同敌人交锋的部队数量就会大大减少。路途越长，输油管道的泄漏就会越严重。

2. 鉴于上述原因，我反对派英国部队加入麦克阿瑟将军指挥的澳大利亚和新西兰师，这一举措势必十分缓慢，且收效甚微。然而，我并不反对派一支配有航空母舰的英国海军特遣队或几个皇家空军中队前去支援麦克阿瑟将军，前提是不影响我们跨孟加拉湾的主要行动。

3. 昨天，海军上将李海告诉我，他们决定接受英国的提议，让我们派遣舰队加入对日的主要作战行动。这与我们派特遣队支援麦克阿瑟将军的行动并不矛盾。

4. 总之，我们的策略是给美国的主要行动提供大规模的海军支持，同时向仰光进军，将其作为进攻新加坡的一个先头行动。这便是英国在印度和远东战场的最高目标。这是恢复英国在这一地区声望的唯一途径，为了达到这一目的，我们将会在最佳的时机，尽最大可能地牵制住尽可能多的敌人，用这样的方式为美国的行动提供最大程度的支持。

1944 年 9 月 12 日

在魁北克的讨论中，美国人支持我们的仰光计划。这一计划会给我们带来很多好处。如果让英国的军队继续在缅甸的山区和雨林以及印度的前线战斗六个月，那么因疾病牺牲的就会有二十八万八千人。但从海上进攻仰光并向北推进，切断敌人的交通线，就能将敌军部队斩成两截。消灭在缅甸的日军后，大量的部队就可以调作他用，可以立刻用于跨越孟加拉湾的作战行动。这对于盟军消灭日军，尤其是日本空军，最为有利。因此，我们决心一定要在 1945 年 3 月 15 日之前进攻仰光。这一行动大约需要五到六个师，但是蒙巴顿手下只有两到

三个师，英国最多也只能召集一个师。倘若行动失败的话，我们在缅甸的行动将不得不因此而放缓，也会有更多因疾病而引起的不必要的牺牲，而且还会影响我们在马来半岛的进一步部署，这一影响可能会一直持续到 1946 年。

因此，我建议派一到两个美国师去缅甸，而不是欧洲。这比从蒙哥马利那里调走两个有战斗任务的师要好，而且这一计划能快速地调来更多部队对抗日本，不必动用对德作战的军队。在魁北克的时候，我解释道，我不是要求他们当场做决定，我只希望美国考虑我的建议。马歇尔将军同意了，但是由于各种原因，我的提议没有被采纳。我一直怀有却没跟别人透露的愿望，即德国会在年底前崩溃的希望，彻底破灭了。9 月末，局势非常明显，德国的抵抗很显然会持续到冬天甚至更久，蒙巴顿再次受命，要求他倾其所有。我发出下面这封电报：

> 首相致蒙巴顿将军：
>
> 国防委员会被迫接受了要取消“吸血鬼”计划这一事实，三军参谋长已经向美国参谋长委员会提出这一方案。届时，您会收到正式的命令。与此同时，您要知道，之所以延迟这一行动是因为西欧战场牵扯的军队更多，而不是您或者东南亚战区的态度问题。您现在就得考虑如何在 1945 年 11 月时再次提出“吸血鬼”计划。对于这一计划，我曾经倾注过心血，现在无法实施，我也感到十分遗憾，但德军在法国和意大利地区的抵抗比我们预想的要可怕得多。我们必须先将他们肃清。
>
> 1944 年 10 月 5 日

* * *

过去这段时间里，我们的第十四集团军和史迪威的军队一直在徐徐向前推进。10 月 18 日，第五英印师攻占铁定，并在精准而集中的炮

火帮助下，将敌人从八千英尺高的制高点——肯尼迪峰上肃清。之后，他们便开始继续朝吉灵庙推进。第三十三军在攻下达武之后，派遣一个东非旅朝东进发。这支部队在钦敦江对岸的锡当，建立了一个很有利用价值的桥头堡。第十一东非师的剩余部队向南沿着克博河流域朝吉灵庙进发，并于11月4日同第五英印师同时到达该地。这是一次伟大的征程，我们的部队克服巨大困难，穿过了一片疟疾和恙虫病多发地带。我方所有驻缅甸部队都保持良好的卫生，不仅使用了新药默巴克林，还经常喷洒滴滴涕杀虫剂，所以士兵们的发病率非常低。相比之下，日本并没有做好这些预防措施，所以士兵们成批成批地死去。东非师从吉灵庙推进至达加里瓦并渡过钦敦江。工程师们仅用二十八个工时便建造了一座近四百码长的桥，当然这并不是他们最大的成就，这些工程师们在整个战役中取得了非常多不逊于此的战绩。12月初，钦敦江对面的两个桥头堡，为中部战线上斯利姆将军率领的第十四军向缅甸中部平原的进军，打下了坚实的基础。

11月，美国的高级军官发生人事变动。美国方面召回了史迪威将军。他原来各种各样的任务和职责由另外三个人接手。魏德迈将军顶替他接任蒋介石的军事顾问，惠勒将军成为蒙巴顿的副手，萨尔顿将军接管北部战线。在这一战线上，盟军慢慢地将日本第三十三师团的两个师打退。11月中旬，八莫已被紧紧包围，但敌军仍然继续坚守了一个月。12月10日，英国第三十六师攻占英都。六天后，他们在那里与第十九英印师成功会师。该印度师由锡当桥头堡跨过钦敦江，一路向东抵达英都。因此，在经历了一年多的艰苦奋战和起起伏伏之后，盟国的两支部队终于顺利会师。

*　　*　　*

但等待我们的是可怕的行政问题。几个月前，远在中国东南地区的日军就开始向重庆和昆明（美国空运补给的交货点）挺进。11月，魏德迈将军意识到局势严峻。魏德迈将军呼吁从缅甸北部调回两个中国师，并请求更多美国空军中队，尤其需要三个运输中队。

总统给我发来电报。

罗斯福总统致首相：

魏德迈将军发来一封电报，概述了中国的危急局势。他还表示同意蒋介石的决定，要求从缅甸将两个最精锐的中国师调回昆明地区。您肯定也看到了这一电报，这份电报已经交给蒙巴顿，并呈交给贵方驻华盛顿代表团，我在这里就不重复了。

魏德迈将军身在当地，我们从他口中得知局势的严重性，还有他对局势的理解以及缅甸的作战计划。我认为，此刻他对整体局势的把握要比其他任何人都要好。此外，在这样一个关乎中国生死存亡的危急时刻，蒋介石已经决定将缅甸的两个中国师召回，以阻止日本向昆明进军。倘若日军占领昆明这一空中和陆上运输的终点站，那我们开辟的通往中国的陆上交通线就没有任何意义了。鉴于这一情况，我认为，我们不应向蒋介石施加压力，以免他改变决定。

1944 年 12 月 1 日

这些消息令人感到遗憾，但我们除了接受，也别无选择。

首相致霍利斯将军并转参谋长委员会：

蒋介石有权召回任何部队来抵御日本对重要地点的进攻，这一权利毋庸置疑。他肯定会想先把两个师调回国内，我对此没有异议。对此，我们也不能加以阻止。如果他要求调回，那就调回。至于缅甸今后的局势，我们需要立刻加以研究。请帮我起草一封电报，表示同意美国关于撤回这两个师的决定。

1944 年 12 月 2 日

对于缅甸的行动来说，失去两个精锐的中国师并不会像失去空军运输中队那样造成严重不便。集团军距军需站四百英里，斯利姆将军依靠空中补给来弥补公路网稀疏这一问题，蒙巴顿的整体计划也需依靠运输机，但中国撤离时却必须要调走空军中队。尽管后来主要由英国空军补上，但关键时刻空军中队的缺乏导致了行动的严重滞后。

尽管面临种种困难，第十四集团军依然越过山丘，进抵曼德勒西北方向的平原。梅塞维将军率领的第四军先头部队秘密向南推进，在伊洛瓦底江与钦敦江交汇处的南面建立防御工事。与此同时，斯托普福德将军率领的第三十三军，在皇家空军二二一大队的支援下，从这两条河的交汇处逆流而上，占领了伊洛瓦底江的北岸地区。第十九英印师已经从曼德勒北部四十英里的两个地点渡河。1 月底，萨尔顿将军的部队已经抵达位于旧缅滇公路上的南坎，同东部的中国部队取得联系。1942 年春天，通往中国的道路由于日本入侵缅甸而被封闭，此刻再次开放。1 月 28 日，来自阿萨姆的第一批陆上护航队抵达中国边境。

首相致蒙巴顿海军上将（东南亚）：

您重新打通通往中国的道路，完成了在魁北克给您的指示的第一阶段目标，我代表英王陛下政府向您表示最衷心的祝贺。尽管我方承诺过的增援有所拖延，让您十分失望，但你们还是实现了这一目标，这是对您、对您手下的战地指挥官，更重要的是对经受住磨炼的第十四集团军的肯定。

英王陛下政府对您一直以来的付出，以及对美军和中国军队用各种方式提供给我们的援助，表示衷心的感激。

1945 年 1 月 23 日

*　　*　　*

我会在后面的一个章节中说明缅甸中部地区的后续进展，但我现

在必须要谈谈冬季在若开的战斗，这一战斗虽然不是主要行动，但却十分重要。向曼德勒平原的第十四集团军空运补给，几乎超过了“达科塔”式飞机的极限。此外，所有补给都需经由繁忙的阿萨姆铁路转运到起飞机场。倘若克里斯蒂森将军的第十五军能在阿恰布南面建立机场，那么飞机就能从这里起飞，从印度海运过来的补给便能直接从这里运抵第十四集团军，支援他们从曼德勒朝南向仰光进军。其次，倘若负责在若开地区抵抗我军优势部队的孤零零的日本师团，能够迅速被击溃的话，那么我们便可以调拨两到三个师，以及由空军准将班登伯爵指挥的、负责支援他们的皇家空军第二二四空军大队，到其他地区行动。

12 月 12 日，若开攻击战拉开序幕，且进展良好。月底的时候，我们的军队已经到达将阿恰布岛与内陆分割开来的海湾，准备进攻。1 月 2 日，一名军官在炮兵侦察机上侦察的时候并未发现敌人的踪迹。他随即在阿恰布机场降落，当地居民告诉他日军已经离开了。大部分守军被调去参加北部地区的战斗，剩余部队也于两天前撤离。对于已经持续了近三年并且为我们带来无数痛苦和失望的阿恰布之战来说，这一结局显得十分扫兴。很快，第十五军占领兰里岛，在那里搭建登陆场，并在一场激烈的战斗后占领康高。1 月末，第十五军和北部军队一样，完成了首阶段目标，准备继续往前推进。

第二章

TWO

莱特湾战役

对日本的海战——英国太平洋舰队的建立——美国海上实力的增长——美国的战术与日本的防御——攻占马里亚纳群岛——东京的惊慌失措——向菲律宾群岛推进——中国台湾上空的空战——海军上将哈尔西和敌人的陷阱——苏里高海峡的夜战——美军登陆行动岌岌可危——神风特攻队的到来——海军中将栗田掉头撤离——二十七艘日本军舰被摧毁——攻占马尼拉

此刻，针对日本的海战达到了巅峰。从孟加拉湾到中太平洋，盟国的海上力量不断增强。1944 年 4 月，英国的三艘主力舰、两艘航空母舰和部分轻型舰艇在锡兰集结。随后，美国航空母舰“萨拉托加”号、法国“黎歇留”号战列舰以及一支荷兰分遣队前来支援。一支强悍的英国潜艇舰队也于 2 月抵达，并立即开始在马六甲海峡朝敌人的舰只发起攻击。随着时间的推移，又有两艘英国航母抵达，“萨拉托加”号也重新回到太平洋。有了这些舰队，海军上将萨默维尔便能大显身手。4 月，他便指挥航母攻打苏门答腊北端的萨榜，5 月又向爪哇泗水的炼油厂和机器制造厂发起攻击。接下来的几个月里，日本通往仰光的海路被英国的潜艇和飞机切断了。

从 1942 年 3 月起，萨默维尔一直统率东方舰队，经历了重重困难。8 月，海军上将布鲁斯·弗雷泽爵士接替了海军上将萨默维尔的职务。不久之后，萨默维尔接替海军上将诺布尔，担任英国驻华盛顿海军代表团团长一职。一个月后，欧洲的战况让我们得以将本土舰队的规模缩减到一艘战列舰和若干辅助舰。我们加快了向远东进军的步伐，两艘新型战列舰“豪”号和“英王乔治五世”号加入海军上将弗

雷泽统率的舰队。1944 年 11 月 22 日，英国的太平洋舰队正式成型，并参加了随后的一系列行动。关于这些行动，我会在后面的章节详细叙述。

*　*　*

太平洋方面，美军及他们的生产部门正在全力以赴，并取得了惊人的成绩。下面这个例子便足以证明美国投入的规模。1942 年秋，正值瓜达尔卡纳尔岛战役高潮，那时只有三艘美国航母参战，一年后这一数量便达到了五十艘，战争结束时已经超过一百艘。与此同时，美国的飞机制造工作也毫不逊色。这一伟大成就的背后有一个雄心勃勃的计划支持，再配上一个详细、新颖和有效的策略。他们面临的任务是十分艰巨的。

近两千英里长的一串岛屿群，从日本跨越太平洋一直向南延伸到马里亚纳群岛和加罗林群岛。敌人已经在很多岛屿上构建了防御工事，建造了良好的机场，日本在特鲁克岛上的海军基地位于这一岛屿群的最南端。盾一样的群岛之后便是中国台湾和菲律宾，还有敌方的补给线，敌人便是通过这条道路向前方阵地运送补给。因此，我们必须首先打破这一串岛屿链，才能向日本本土发动进攻或进行轰炸。考虑到将这些设防的岛屿一一攻克耗时太久，于是，美军采取了“蛙跳”战术。他们只攻占较重要的岛屿，剩下的岛屿统统略过。美国的海上力量现在已经很强大，而且还在飞速增长，他们可以建立自己的交通线，破坏敌人的交通线，让那些未被攻占的岛屿上的守军丧失移动能力。他们的进攻手段也同样成功。航母上的飞机率先发动攻击，随后美军从海上发动猛烈的、持续的轰炸，最后两栖部队登陆作战。当攻克一个岛屿后，我们的守军进驻，陆基飞机也随即进驻并打退敌人的反攻。与此同时，这还有助于我们下一步的行动。舰队成梯形编队，一批舰队在战斗时，另一批就已经在准备发动新一轮攻击了。不管是战斗，还是建立基地，都需要大量的资源。然而所有这些都被美国人轻而易

举地解决了。

*　　*　　*

前文已经描述了美国跨太平洋的两线进攻。1944 年 6 月，当我再一次提到它的时候，行动已经有了很大的进展。西南方向，麦克阿瑟将军即将占领新几内亚岛；中部地区，海军上将尼米兹进一步向设防的岛屿群施压。两支部队都即将到达菲律宾，攻占这一地区之后，日本舰队很快便将覆灭。日本舰队的实力已经被大大削弱，且十分缺乏航母，但赢得海战的胜利是日本生存下去的唯一希望。为了保存实力，留待这一危险但却重要的战役，日本已经将主力舰队从特鲁克岛撤离，现分布在东印度群岛和本土海域之间，战争一触即发。6 月初，海军上将斯普鲁恩斯指挥手下的航母朝马里亚纳群岛发动攻击，15 日，他在敌人严密设防的塞班岛登陆。倘若他攻下塞班岛以及毗邻的提尼安岛和关岛，那么敌人的外围防线便被攻破。这一威胁十分可怕，因此日本舰队决定对此加以阻挠。当天，在菲律宾附近海域发现有五艘日本战列舰和九艘航母，正在向东驶去。斯普鲁恩斯有充足的时间进行部署。他的首要目标是保护塞班岛的登陆行动，这点他做到了。他召集舰只，其中包括十五艘航母，在岛的西面等待敌人。6 月 19 日，日本出动航母上的飞机，从各个方向向美国的航母舰队发起攻击，空战持续了一整天。美军的损失很小，而日本空军中队被打得支离破碎，他们的航母不得不撤退。

当晚，斯普鲁恩斯开始搜索消失的敌人，但是没有结果。20 日下午迟些时候，他在二百五十英里外的地方发现了敌人。在日落前的袭击中，除了一艘战列舰和一艘重型巡洋舰之外，美国飞行员还击沉一艘航母，另有四艘遭到不同程度的损伤。前一天的战斗中，美国潜艇击沉两艘大型航母。我们无法再次发动攻击，敌方残余舰队逃走了，但塞班岛的命运也就尘埃落定了。尽管岛上的守军拼命抵抗，但登陆行动还在继续，美军兵力不断增强。到 7 月 9 日，所有有组织的抵抗

都已停止。毗邻的关岛和提尼安岛也已被攻克，8 月初，美军完全控制了马里亚纳群岛。

塞班岛的沦陷对日本最高统帅部来说是一个极大的打击，这也间接导致了东条英机政府的垮台。敌人的忧虑是有道理的。这一要塞距东京一千三百多英里。此前，他们认为这里是坚不可摧的，但现在就这样丢掉了。日本的南部防线被切断了，而且美国赢得了一个绝佳的基地，重型轰炸机可以从这里起飞，直接飞往日本本土。过去很长一段时间里，美国潜艇一直沿着中国海岸打击日本商船，现在海路贯通，其他战舰也可以加入战斗了。倘若美军再向前推进，日本的石油和原材料供应就会被切断。虽然日本舰队依然很强大，但实力不够均衡，驱逐舰、航母和空勤人员十分缺乏，因此他们无法在缺乏陆基飞机支援的情况下继续有效战斗。燃料匮乏不仅影响训练，还让日军无法将舰只聚集到一处。于是暮夏时，日本绝大多数重型舰只和巡洋舰都在新加坡和东印度群岛的石油基地附近，剩下的航母则停在本土海域，新的空军大队也在那里训练。

日本陆军的状况也只是稍微好一点。尽管数量依然庞大，但主要都散布在中国和东南亚，或者被困在偏僻的岛屿上，没有支援。头脑稍微清醒的日军将领开始寻求结束战争的方法，但无奈他们的军事系统太过强大。日军最高统帅部从中国东北地区调来援军，并下令让中国台湾和菲律宾地区的士兵奋战到底。日本海军也非常坚决。如果他们在即将到来的岛屿争夺战中失利，那么来自东印度群岛的石油供给就会被切断。没有燃料，船只又有什么用呢？带着必死的决心和对胜利的渴望，他们决定在 8 月派出所有舰队奋力一搏。

*　　*　　*

9 月 15 日，美军继续推进。麦克阿瑟将军夺取新几内亚西端和菲律宾群岛中间的莫罗太岛，现已接管美国海军统帅的海军上将哈尔西，为他在帕劳群岛的舰队夺取了一个前进基地。这些同步进行的举措非常重要。与此同时，哈尔西一直在尽全力侦察敌军的防御工事。他想在海上发动一次广泛的行动，从而彻底击败日本舰队，尤其是那些此前幸免于难的航母。下一步便是菲律宾行动了，此时，美国的计划却发生了巨大的转变。当时，我们的盟友一直想要攻击位于菲律宾群岛最南端的棉兰老岛，哈尔西也已经派出航母上的飞机，袭击了那里以及北边吕宋岛的日本机场。他们摧毁了大量敌机，战斗过程中，他们发现莱特岛上的日军守卫非常薄弱。这个小岛位于棉兰老岛和吕宋岛中间。棉兰老岛和吕宋岛虽然面积较大，但战略意义相较于这个小岛来说却要小一些。显然，这个现在已经出名的小岛便成了美军的攻击点。9 月 13 日，盟国还在魁北克开会时，海军上将尼米兹便在哈尔西的建议下，催促立即展开行动。麦克阿瑟同意了，两天之内，美国决定于 10 月 20 日发动攻击，比原定计划提前了两个月。这便是莱特湾战役的起因。

10 月 10 日，美军对日本和菲律宾之间的机场展开空袭，从而拉开了这场战役的序幕。美军对中国台湾的猛烈空袭引发了敌人最激烈的反抗，12 日至 16 日间，我方的舰载飞机和敌人的陆基飞机展开了持续的、激烈的空战。敌军在陆上和空中都遭受了惨重的损失，美军的损失却很小，他们的航母舰队经受住了敌人陆基飞机的猛烈进攻。这一结果具有决定性意义。在莱特湾战役来临前，敌人的空军便被击垮。很多已经飞往航母的日本海军飞机，临时被调往中国台湾增援，并在那里被摧毁。因此，在这样一个重要的海战来临之际，日本的航母仅配备了一百多名训练不充分的飞行员。

* * *

为了便于读者了解接下来的交战情况，我们很有必要来研究一下附带的地图。菲律宾的两个大岛，吕宋在北，棉兰老在南，两岛之间被一群小岛隔开，莱特岛便位于这群小岛的关键和中心位置。这片中心区域有两条可以通航的海峡，而且都注定在这一著名战役中起到决定性作用。北边的海峡是圣贝纳迪诺，约南边二百英里直接通往莱特岛的是苏里高海峡。据我们所见，美国人打算夺取莱特岛，而日本人则下定决心要加以阻止并消灭美国舰队。日本的计划非常简单且铤而走险。麦克阿瑟将军指挥的四个师，会在美国舰队的大炮和飞机掩护下，登陆莱特岛——这便是日军所了解或猜测到的情况。他们计划将美国舰队引到遥远的北方，并在那里进行一场次要的战役——这便是第一步。但这只是开始。一旦美国的主力舰队被骗走，日军两支精锐的舰队便会穿过海峡，一支从圣贝纳迪诺海峡，另一支则从苏里高海峡，在美军登陆点汇合。届时，所有的目光都将聚焦在莱特岛海岸，所有的大炮都将对准海滩，而唯一能抵抗这一攻击的只剩下重型舰只和大型航母，但他们此刻正在北方追击敌军诱饵部队。敌人的计划几乎就要成功了。

10 月 17 日，日军总司令下令让舰队启航。诱饵舰队在最高司令官、海军中将小泽的指挥下，直接从日本启航，开往吕宋岛。这支混合舰队包括航空母舰、战列舰、巡洋舰和驱逐舰。小泽的任务是在吕宋岛的东海岸出现，将美国舰队引离位于莱特湾的登陆点。航母上缺乏飞机和飞行员，但是没有关系，他们只是诱饵，诱饵就是要被吃掉的。与此同时，日本的主力进攻部队向海峡驶去。大规模的，或者被称为核心部队的舰队包括五艘战列舰、十二艘巡洋舰和十五艘驱逐舰，由海军中将栗田指挥。该舰队从新加坡出发，朝圣贝纳迪诺驶去，绕过萨马岛抵达莱特岛；小规模的南方部队由两个独立舰队构成，共有两艘战列舰、四艘巡洋舰和八艘驱逐舰，穿过苏里高海峡。

10 月 20 日，美军在莱特岛登陆。起初，一切顺利。岸上的抵抗非常微弱，美军迅速建立了防御工事，麦克阿瑟将军的部队开始推进。海军上将金凯特的美国第七舰队（麦克阿瑟负责统率）负责支援，该舰队的老式战列舰和小型航空母舰十分适合两栖作战行动。再向北，海军上将哈尔西的主力舰队负责掩护他们，让他们免受来自海上的袭击。

当时，我正从莫斯科回国，但布鲁克和我都意识到了事情的重要

性，于是我们发出下面这封电报：

首相和帝国总参谋长致麦克阿瑟将军：

我们向您在菲律宾的精彩进攻表示衷心的祝贺。

祝一切顺利！

1944 年 10 月 22 日

然而，危机还未到来。10 月 23 日，美国潜艇在婆罗洲海岸发现日本的主力部队（海军中将栗田），并击沉两艘重型巡洋舰（其中一艘为栗田的旗舰），重创另外一艘。10 月 24 日，海军上将哈尔西麾下航母上的飞机加入战斗。装有九门十六英寸大炮的大型战列舰“武藏”号被击沉，其他舰只遭到不同程度的损伤，栗田转身撤出战场。美国飞行员带回了积极的但或许是误导性的报道。哈尔西得出结论：战斗已经胜利，至少这一阶段是胜利了。这一结论也不无道理。他知道敌人的第二支或者南方部队正在靠近苏里高海峡，但据他判断，金凯特的第七舰队便可以将其击退，这一判断是正确的。

但有件事情让他感到不安。白天，他们遭到日本海军飞机的攻击，虽然很多敌机都被他们打了下来，但“普林斯顿”号航空母舰也遭到重创，并因此退出了战斗。据他推理，那些飞机很可能是从航空母舰上出发的。敌人不可能不出动航空母舰，但美军至今仍未发现敌军航空母舰的踪迹。由栗田率领的日本主力舰队已被发现，此刻正在撤退。但栗田的舰队中没有航空母舰，南方的部队也没有。敌人肯定出动了航空母舰，因此必须要找到他们。于是，他下令向北搜寻，10 月 24 日下午晚些时候，飞行员在吕宋岛的东北部找到了海军中将小泽率领的诱饵舰队，他们正向南驶来。该舰队有四艘航空母舰、两艘装有起飞甲板的战列舰、三艘巡洋舰和十艘驱逐舰！于是，他得出结论，这才是麻烦的来源和真正的目标。他和参谋长、海军上将卡尼断定，倘若能趁现在击沉这些航空母舰，那么日本舰队便无法干预美军的行动了。他现在满脑子都是这一想法，认为等麦克阿瑟进攻吕宋岛时，此举势

必会为其带来特别的好处。哈尔西不知道这支舰队有多么脆弱，更不知道袭击他的敌机并非来自航空母舰，而是来自吕宋岛上的空军基地。栗田的核心部队正在撤退，金凯特能够对付南部的敌军，从而保护在莱特岛的登陆行动。是时候一决胜负了，哈尔西下令让整支舰队向北进发，并在第二天消灭海军中将小泽率领的舰队。于是，他便落入了日本的圈套。当天下午，10 月 24 日，栗田再次掉头向东，又一次朝圣贝纳迪诺海峡驶去。此时，没有什么能够阻止他了。

*　*　*

与此同时，南部的日本舰队正在接近苏里高海峡，当晚，他们分成两拨进入海峡。一场激烈的战斗随即展开，各类舰只，从战列舰到轻型海岸船只，都参与其中。第一波敌军被金凯特的舰队消灭，当时美国舰队聚集在海峡的北部出口，由出色的海军少将欧登多尔夫指挥；第二波敌军试图在黑暗和混乱中穿过海峡，但被美军击退。一切看似都很顺利，但美军依然要对付海军中将栗田的舰队。当金凯特正在苏里高海峡战斗，哈尔西正在向北全力追击诱饵部队时，栗田已经在黑暗中驶过圣贝纳迪诺海峡，没有遇到任何挑战。10 月 25 日一早，他向正在支援麦克阿瑟将军登陆的航母护卫舰队发起攻击。由于事出突然，美军动作过于迟缓，来不及撤退，航母上的飞机也来不及起飞，来应对敌人来自海上的攻击。两个半小时内，美国的小型舰只在烟雾的掩护下且战且退。美军损失了两艘航空母舰、三艘驱逐舰、一百多架飞机，其中一艘航空母舰遭到神风特攻队的袭击；但他们仍然成功击沉了敌军三艘巡洋舰，另有部分敌舰遭到重创。援军距离甚远。金凯特的重型舰只远在莱特岛以南，他们击退了南方的敌军，但缺乏弹药和燃料。哈尔西麾下有十艘航空母舰和所有快速战列舰，但他们距离更远，尽管他麾下的另一支航母舰队（之前被派去补给燃料）此刻正受命返回，但没几个小时也到不了。栗田好像胜利在握。没什么能阻止他驶入莱特湾，摧毁麦克阿瑟的两栖舰队。

但是，栗田又再一次调头撤出了战场。至于他为什么这么做，原因很模糊。他麾下的很多舰只都被金凯特的轻型护航航母轰炸和驱散过，此刻，他知道南方部队也正遭遇灾难。关于北方诱饵部队的好运，他一无所知，他也不清楚美国舰队的行踪。拦截的信号让他以为，金凯特和哈尔西正以压倒性的力量对他进行夹击，而且麦克阿瑟的运输船已经安全逃离。孤立无援的他，此刻选择放弃这次已经造成无数牺牲的冒险，尽管战利品就在眼前。于是，他没有尝试进入莱特湾，而是掉头，再一次驶向圣贝纳迪诺海峡。他想要在途中和哈尔西的舰队决一死战，但这一愿望并没有实现。金凯特一直要求增援，哈尔西最后也确实带着他的战列舰赶回来了，留下两支航空母舰舰队继续向北追击。这两支航空母舰舰队在白天击毁了小泽麾下的四艘航空母舰，但哈尔西回到圣贝纳迪诺海峡时已经太迟了。栗田并未和哈尔西遭遇，就这样逃走了。第二天，哈尔西和麦克阿瑟派遣飞机追击这位日本海军中将，又击毁了敌人的一艘巡洋舰和两艘驱逐舰。战斗至此便结束了。一连串的压力可能让栗田的脑子变得十分混乱，他曾连续三天遭到我方不间断的打击，遭受巨大损失，他的旗舰从婆罗洲开出不久便被击沉。至于他，就留给那些经历过类似苦难的人去评判吧。

* * *

莱特湾战役具有决定性意义。美军牺牲了三艘航空母舰、三艘驱逐舰和一艘潜艇，但他们打败了日本舰队。整个战斗一直从 10 月 22 日持续到 10 月 27 日。敌人共计损失三艘战列舰、四艘航空母舰和二十艘其他舰只，从此，神风特攻队便成为他们唯一有效的武器。这种武器充满了绝望的气息，非常致命，但仅靠这一武器无法取得胜利。

至此，结果已经毫无悬念，我们赶紧送去祝贺。

首相致罗斯福总统：

在最近和日本的激烈战斗中，美国海军和空军取得了耀

眼的、巨大的胜利。为此，请允许我代表英王陛下政府，向您表示最诚挚的祝贺。

得知英王陛下的一个澳大利亚巡洋舰中队有幸参与这场令人难忘的战斗，我们十分高兴。

1944 年 10 月 27 日

这次战役的规模从下表便可看出：

全部损失	
日本	美国
3 艘战列舰 1 艘舰队航空母舰 3 艘轻型航空母舰 6 艘重型巡洋舰 4 艘轻型巡洋舰 9 艘驱逐舰 1 艘潜艇	1 艘舰队轻型航空母舰 2 艘护航航空母舰 3 艘驱逐舰 1 艘潜艇

这场胜利应该被美国人民长久铭记。除了表现出来的英勇、谋略和胆识，这场战役对未来的影响，比我们见过的其他任何一场战役都要更加生动和深远。它让人们见识了一场以空中力量（而不是大炮）为主导的战斗。我完整地讲述了这一战役的原委，因为当时疲惫不堪的欧洲各国对此并不知情。仔细研究这些事件之后，或许我们可以得出一个重要的结论：倘若未来再有类似的联合行动，那么很有必要进行统一指挥，而不是像麦克阿瑟和哈尔西这样进行合作。美国人吸取了这一教训，在计划对日本本土的最后行动时，他们打算无论在什么时候，都由海军上将尼米兹或麦克阿瑟将军单独行使指挥权。

*　　*　　*

随后几周，争夺菲律宾的战斗不断扩大。截至 11 月末，将近十五万美军在莱特岛登陆，到 12 月中旬，日本的抵抗被粉碎。麦克阿瑟继续向前推进，很快便在距马尼拉一百多英里的民都洛岛登陆，期间未曾遭遇抵抗。1945 年 1 月 9 日，美军的四个师在马尼拉以北的林加延湾登陆，打开了新的局面，这里曾是三年前日军大举入侵的主要战场。面对美军精心设计的陷阱，敌人只能猜测下一个袭击点在哪里。美军的进攻出其不意，敌人的抵抗非常薄弱。在朝马尼拉进军时，敌人的抵抗变得激烈起来，但美军的两个师从西海岸登陆，包围了这座城市。敌人绝望的抵抗一直延续到 3 月初，从废墟中发现，共有一万六千名日军死亡。敌人的自杀式飞机对美军造成大量损失，仅一天便被击中十六艘战舰。“澳大利亚”号巡洋舰又一次遭遇不幸，四天内被击中五次，但还能继续行动。这只是敌人的权宜之计，并未阻止美国舰队的行动。1 月中旬，海军上将哈尔西的航空母舰大摇大摆地驶入中国南海，在广袤的海域里自由航行，打击敌人的机场和船只，最远到达了西边的西贡。

尽管岛屿上的战斗持续了数月，但中国南海的控制权已经落入胜利者手中，我们也控制了日本赖以生存的石油和其他补给。

第三章

THREE

西欧的解放

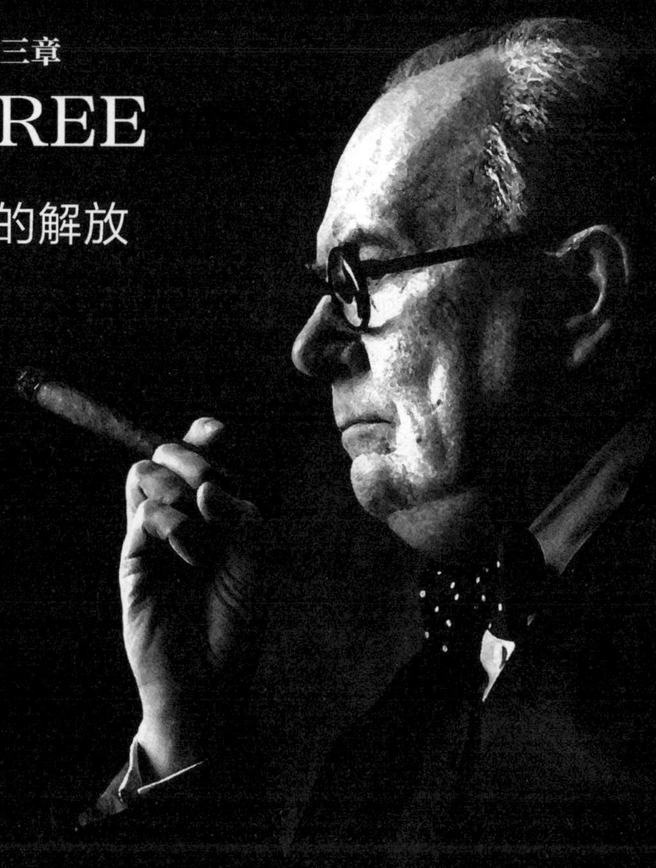

德军的危境——盟军分路猛攻——蒙哥马利的反建议——跃进——占领迪埃普、布洛涅、多佛尔——攻克布鲁日、根特——“霸王”和“龙骑兵”会师——关于“德国抵抗能力”的报告书——抢占下莱茵河——争夺奈梅亨大桥——清除斯凯尔特河口——攻陷布雷斯肯斯“孤岛”——伐耳赫伦岛争夺战——突击队得胜——施佩尔预示德国生产面临大灾难

按照事先约定的安排，艾森豪威尔将军从9月1日起担任法国北部的地面部队直接指挥官。地面部队的作战行动先前一直是由蒙哥马利元帅指挥的，地面部队包含了由蒙哥马利元帅所统率的英国第二十一军和由奥马尔·布雷德利将军所统率的美国第十二军。艾森豪威尔将军一共部署了五支集团军：分别是隶属于蒙哥马利元帅第二十一军（共计十四个师和七个装甲旅）的加拿大第一集团军（由克里勒将军率领）、英国第二集团军（由登普西将军率领）、美国第十二集团军群管辖的第一集团军（由霍奇斯将军率领）、第三集团军（由巴顿将军率领）和尚未投入作战的第九集团军（由辛普森将军率领）。因此，艾森豪威尔将军一共指挥了不下三十七个师，相当于五十万以上的作战人员。此外，每个军有各自的战术空军，并全部听命于利·马洛里空军上将。

德军的残兵败将在西面遭受我军的穷追猛打，我方强大的空军夜以继日的追击令敌军苦不堪言。敌人目前还剩下大约十七个师的兵力，在他们没有重组或者得到增援前，大多数都已经疲惫不堪了。曾经担任过隆美尔的参谋长斯派达尔将军如此描述德军的惨状：

德军想有序地撤退已经变成妄想，盟军把疲惫不堪、行动缓慢的德军步兵分别包围，一举歼灭……德军再也没有任何有力的地面作战力量补充了，空军更是几乎全军覆没。

艾森豪威尔计划调动所有的兵力和物资，向东北方发动攻击，这次担任主攻的是英国第二十一军，他们沿着海峡进攻，目标是不仅仅要占领导弹发射场，还要拿下安特卫普。因为这个城市的港口是通往莱茵河下游和进入德国北部平原的必经之路。与此同时，美国第十二军也追击着敌人，它的第一集团军和英军并驾齐驱，其余军队则向东朝凡尔登和默兹河上游进攻，准备直攻萨尔。

然而蒙哥马利陆续提出了两个不同的意见。在 8 月下旬，他提出他的部队和美第十二军应该组成一个拥有约四十个师的大兵团一举向北挺进。9 月 4 日，他又提出攻占的目标二选一，鲁尔或者萨尔，确定目标后，集中所有的财力物力去支援。他强调为了大局着想，其他战场切勿轻举妄动，在主攻问题上只能听命于一个人，不是他自己就是布雷德利，具体是谁则看情况而定。他相信，只有这样做才有可能成功到达柏林，并认为攻占鲁尔比攻占萨尔更有意义。

可是艾森豪威尔仍然坚持他原先的计划。他的理由是德国仍有后备军坚守着大本营，如果只用相对小的兵力穿越莱茵河只会是送羊入虎口。因此他认为最好的方式是第二十一军奋力攻下莱茵河的一个防御工事，与此同时第十二军竭尽全力攻破齐格菲防线。

究竟哪种战略更胜一筹，战略家们的分歧一时难见分晓。

可是战略家们的讨论并没有影响部队对敌军的持续追击。这个过程中，我们的物资究竟能支援多少个师进行作战，究竟能达到怎样的速度和攻击范围，这完全根据港口、交通和物资供给情况而定，相对来说，弹药对行动的影响不是很大，但是每一个行动都离不开食物和汽油的供应，尤其是后者。目前我们在诺曼底只有瑟堡和阿弗朗什的“桑葚”港这两个港湾，可是前进部队渐行渐远，若要依靠这两个港湾补给物资，每天大概有二万吨的补给物资，以及许多修路、架桥和

建造飞机场的器材都要沿着日渐延长的路线运过去。即使布列塔尼半岛诸港落入我们手中，又会嫌它们距离更远；唯有勒阿弗尔以北的海峡各港口，尤其是安特卫普就特别合适，如果我们能赶在它被严重损坏前将其占领，这对我们来说可谓意义非凡。

当蒙哥马利集团军将安特卫普确定为直接目标之后，这个集团军终于有机会展示它的机动作战能力。第二军率先从塞纳河以北向比利时进发，并下令其中一个军按兵不动，将其运输工具先支援其他军队。本次担任前锋的是第三十军，在 8 月 31 日，该军队的第十一装甲师攻占了亚眠，并把正在吃早餐的德国第七集团军司令俘虏了。很快，他们就占领了阿拉斯、杜埃、利尔以及其他许多边陲小镇。对于在二十五年前曾经来过这里的英国远征军老前辈来说，这些小镇都是耳熟能详的。9 月 3 日，警卫装甲师进入布鲁塞尔，德军仓皇而逃，就像在比利时的其他地方一样，我们的军队受到了盛大的欢迎，还得到了有组织的反对军的大力帮助。接着近卫军从这里继续向东朝卢万前进，在 9 月 4 日第十一装甲师进入安特卫普时，让我们喜出望外的是，那里的港口几乎是完整无损的。原来，用四天走二百里的速度，实在是太快了，快到敌人急着逃跑，根本来不及常规地对根据地进行彻底毁坏。而往东走的第十二军就没那么好运了，他们遭遇到更多敌人的反抗，但最终也在 9 月 5 日，到达了他们的主要目的地——根特。

当然，这种神速不可能无限地持续下去，在我们乘船出发去魁北克之前，过去的节节胜利已不复存在，阻力日益凸显。敌人想方设法破坏了位于安特卫普和哈塞尔特之间的艾伯特运河的各个渡口。而第三十军遇到了将近十个营的抵抗，其中不少是来增援的。9 月 6 日，近卫军在哈塞尔特以西一个地方强渡，经过了四天的艰苦奋战，终于到达了默兹河—斯凯尔特运河，抢占了一座完整的桥。

* * *

与此同时，加拿大第一军有一个艰巨而重大的使命——摆平西翼的敌人，建立根据地。他们的总指挥官是克里勒将军，领导着英国的第一军和加拿大的第二军（包括波兰装甲师），这些军队的主要任务是从勒阿弗尔港向北歼灭海峡各港口的残敌，占领导弹发射场，并在斯凯尔特南岸建立阵地。这项任务的缘由是：虽然安特卫普已经落入我们手中，但是我们的船只必须经由弯曲的斯凯尔特河口才能到达安特卫普，再说，河岸两侧也是敌军的地盘。因此，这些艰难及代价重大的战役主要落在了加拿大军队的身上，成功与否至关重要。

同时，英国第一军在鲁昂附近渡过塞纳河后往左转，9 月 2 日，它的第五十一高地师占领了圣伐勒，这里正是该部队前辈在 1940 年 6 月遭遇厄运的地点。该部队的左翼转向勒阿弗尔前进时，遭遇了超过一万一千多名驻防军的猛烈抵抗，驻防军顽强抵抗着海军十五英寸口径大炮和空军一万多吨炸弹的狂轰滥炸，一直苦撑到 9 月 12 日才投降。与此同时，英军右面的加拿大部队加速前进，于 9 月 1 日拿下了迪埃普，报了 1942 年旧仇，并在 9 月 6 日包围了布洛涅、多佛尔和敦刻尔克，直到 9 日肃清了整个多佛尔海峡省包括导弹发射场的残敌，直抵布鲁日。接着根特是由波兰装甲师拿下的，布洛涅在 9 月 22 日攻下，俘虏了近一万名的德军，多佛尔也在 30 日落入我手。至于敦刻尔克，我们仅设法牵制住那里的一万两千名驻防军，因为向斯凯尔特河挺进是更重要的任务，只好先把加拿大部队的任务暂时搁置，集中物资去支持美军获得更多的胜利。

这支部队穿越了巴黎继续向前进军，继续保持着布雷德利将军和他部下所特有的积极进取的冲劲。美国第一军，在英军的右方渡过塞纳河之后，向那慕尔和列日进发，在 9 月 3 日他们达到沙勒罗瓦和蒙斯，在蒙斯东南方切断了三万名德军的去路，并将他们全部俘虏。接着他们继续向东挺进，于 9 月 8 日解放了列日；两天后，他们又解放了卢森堡城。面对敌人逐渐加强的抵抗，该部最终于 12 日在德国六十英里的防线上集结起来，并突破了亚琛以南的齐格菲防线，随即在两个星期内解放了卢森堡全境和比利时的南部。回到第三集团军，在 8 月 31 日，他们占领了凡尔登，成功渡过默兹河，坚持到一周以后，他们得到了足够的汽油供应，到达摩泽尔河边。在河边，遇到一群斗志昂扬的敌人，他们积攒了足够的兵力在河边进行防卫，驻守在梅斯的敌军能力也不弱，且个个势在必得。尽管遭遇强敌，到了9月16日，第三集团军仍在南锡和梅斯南面成功抢夺了十六个防御工事。如上面提到的，美国第七集团军和法国第一集团军（现已编入由德弗斯将军指挥的第六集团军）从法国南边登陆后，于9月11日在迪戎的西面和巴顿的集团军会合。两支部队会合后朝东进军，他们齐头并进，从埃皮纳尔往南直达瑞士边境一线。至此，大规模的歼敌战已结束，接下来的几个月，进展迟缓，要突破重重困难才可以获得成功。一方面敌人的军力在增强，另一方面我们的物资补给也跟不上。为了战役，物资必须及时补给到位。为了迎接即将来临的秋季战役，前方部队也需要增援和物资补充！

* * *

我们在去魁北克的航行途中，收到一份联合情报委员会送来的名为“德国抵抗能力”的报告。看了以后，我还是认为情况是乐观的，便随即给参谋长委员会写了一封信。

首相致伊斯梅将军并转参谋长委员会：

1. 我很快就看完了这份报告，里面所提到的所有情报都在我的意料之中。大体来说，我觉得这份报告还是过于乐观，就目前状态而言，我们的进度处于停滞状态，进展十分缓慢。我也相信苏联确实会在东部前线发动一场决定性的攻势，不过目前来说这仅仅是一个假设而已。

2. 另一方面，还要意识到我们的劣势是存在的。除了瑟堡和阿弗朗什外，我们还没抢占其他的大型港口；德军在安特卫普的北郊进行抵抗的同时，还企图防守斯凯尔特河口；布雷斯特即使在攻势猛烈的情况下还没被拿下，即使成功拿下，也要至少等六个星期才可以使用。德军仍然占领着洛里昂，我们也还没有出击去抢夺圣纳泽尔港并扫清里面的障碍物，这个港口明显优于布雷斯特，也更易于攻打。我们也还没有去尝试占领波尔多。除非形势都明显好转，否则到了秋天，盟军仍缺乏避风的港口。

3. 谁都可以预见到，在取得节节胜利后，大概会出现间歇性的停滞。巴顿将军的军队在梅斯—南锡一线正和敌军交战；蒙哥马利元帅也提出了他对艾森豪威尔将军未来计划疑虑的原因。除非第二十一集团军群扫平了海峡诸港的顽强抵抗，解决了伐耳赫伦岛和安特卫普以北的德军，否则就很难想象该部队能够以大军直迫德国的边境……

4. 没有人可以预测到将来会发生什么事。结果究竟是盟军能在9月份以压倒性兵力突破了齐格菲防线进入德国呢？还是受限于没有充足的物资和港口而使得德军守住了齐格菲防线呢？那德军会不会从意大利撤退呢？如果他们这么做，无疑会大大巩固他们的国内地位。德军能不能成功从波罗的海诸国集中自己的兵力？一旦成功，其规模将达到二十五个师到三十五个师之间。我们不应该低估敌军在自己祖国边界上防御的韧劲，防守和抵抗也会随之加强。希特勒1月1日可能还在作战，或者已经倒台了。两者皆有可能。如果他真的在1月1日以前垮了台，那多半将会是政治上的原因，而不是纯军事上的原因。

1944年9月8日

很不幸的是，我的话得到了证实。

*　*　*

虽说如此，越过莱茵河下游还是有机会的。艾森豪威尔认为此事意义重大，因此他决定先攻下这个目标，而后再肃清斯凯尔特河口两岸和开放安特卫普港。同时为了强化蒙哥马利的作战力量，艾森豪威尔向他增援了额外的美国运输工具和空运补给。布里尔顿将军所指挥的第一空降兵集团军在英格兰随时待命出击，该集团军由英国第一、第六空降师，三个美国师和一个波兰旅组成，拥有大量的运输机。蒙哥马利为了夺取阿纳姆的一个滩头阵地，批准空降兵部队和第三十军采取联合行动，而第三十军目前正在为夺取靠近荷兰边境的默兹河—斯凯尔特河对岸的一个滩头阵地而作战。另外，他打算安排英国第一空降师和波兰旅作为后续增援去夺取莱茵河下游北岸阿纳姆桥；由美军第八十二师占领奈梅亨和格拉夫两地的桥梁，而美国一〇一师则去防守从格拉夫通往埃因霍温的公路。最后由警卫装甲师作前导的第三十军会沿着公路向埃因霍温强力推进，到达以后，再沿着空降部队之前肃清的一段路，克服三大河流障碍，找到由空降部队安全守卫着的桥梁。

这个行动是非常大胆的，它的复杂性和紧迫性，到目前为止是空前的，而且我们所面对的敌人兵力也在日益增强，但这个艰巨的任务竟然在约定的时间（9 月 17 日）前完成了，这真是了不起！由于没有充足的飞机来支持整个空降兵集团同时行动，只能把行动分为三天进行。由于盟军出色地完成了任务，三个师的主要兵力都在 17 日全部安全到达目的地。美国一〇一师攻占了大部分目标，可因为一座通往埃因霍温的运河桥梁被炸毁了，所以直到 18 日才攻克该镇。第八十二师也是可圈可点，只可惜没有攻克奈梅亨的主要桥梁。

虽然来自阿纳姆的消息很少，但似乎我们的部分伞兵团已经在桥的北端扎营了。有了大炮和装备火箭弹的飞机开路，第三十军的警卫装甲师当天下午沿着通往埃因霍温的公路前进，并且由第十二军和第八军分别掩护其两翼。由于遭遇德军的顽固防守，第三十军警卫装甲师于 18 日下午才和美军会合。第二天，德军立刻发动对埃因霍温—奈梅亨狭长的凸出阵地的进攻，而且不断加强兵力。而一〇一师在行进的途中频频与敌人交火。另一方面，目前阿纳姆传来的战况也是不尽

如人意，虽然我们的伞兵依然坚守在桥的北端，但是敌人也一直固守着小镇，在小镇西部着陆的第一空降兵余部无法进入，无法进行增援。

18 日，连接运河的桥梁已建造好。第二天一大早，警卫师就长驱直入格拉夫，在那里和美国第八十二师会合。黄昏时，他们已经接近防卫森严的奈梅亨桥。20 日，双方为了争夺桥梁展开了激战。与此同时，美军在小镇以西渡河后，转向右进军，夺取了铁路桥的最远端部分。警卫军则负责越过公路桥，最后敌军招架不住，两座桥都毫发无损地落入我们手中。

现在距离阿纳姆只剩最后一段路了，可是不巧遇上恶劣的天气，阻碍了我军向战区增援人员、物资和弹药，第一空降师的处境极端危急。该师其余部分士兵由于无法抵达指定的桥梁，被困在北岸一个狭小的阵地里，正遭受猛烈的攻击。南岸的友军用尽一切办法，试图去营救他们，可是无法攻破敌军坚固的阵地。警卫师、第四十三师和波兰伞兵也在道路周围降落，英勇地尝试一切办法去营救，可是均以失败告终。这场徒劳的战争整整持续了四天，直到 25 日蒙哥马利下令召回第一空降师幸存的勇士，他们才连夜乘坐小船冒着近在咫尺的炮火，横渡湍急的河流，直到天亮，原本的一万名士兵只剩下两千四百名安全抵达。

在阿纳姆的所有争夺战结束之后，我们为了巩固所获得的战绩，还继续苦战了两周。德军认为我们的凸出阵地会威胁整个莱茵河下游的西岸，这一想法也在后来得到了印证。他们为了夺回奈梅亨，进行了多次迅猛的反扑，用飞机轰炸那里的桥梁，派出泅水士兵安装炸弹想将其炸毁，虽然最终没有将桥梁摧毁，但也造成了一定的破坏。第二集团军的三个军逐渐把五十英里长的凸出阵地加宽至二十英里宽，虽然即使加宽后还是很窄，但足够应付时下之需了。

我们在阿纳姆战斗中经受了很大的风险，因为我们看到胜利在即，值得放手一搏。如果不是在关键时刻，天气变得恶劣，限制了我们的制空权，我们这一场战役是可以成功的。所有勇士们，包括参与阿纳姆战役的荷兰抵抗军，并没有在这种险境中退缩。

* * *

直到我从加拿大回来，才知道这个战役的全面情况。即使我在加拿大时，辉煌的战绩已经传到那里了，但史末资元帅仍把这次战役看成是一个失败，因此我给他发了一份电报：

首相致史末资元帅：

我对西部前线的发展感到很满意，尤其是一波美国援兵加入进来，我们希望不久的将来就会攻下安特卫普。对于阿纳姆战况，我觉得您并没有看到问题的重点，这次战役无疑是一个胜利，只是被困的那部分士兵理应得到支援，然而他们并没有。对于此次战役我并没有一丝一毫的失望，反而为我们的指挥官愿意去冒这个风险而感到欣慰。

1944 年 10 月 9 日

* * *

由于敌人对阿纳姆的死守，肃清斯凯尔特河口和开放安特卫普港的行动被推迟，自此，这个行动成为首要任务了。9 月余下的两个星期，我们开始着手做一些热身的动作：一方面，加拿大第二军把敌人从安特卫普—根特—布鲁日一线赶回到布雷斯肯斯的狭小“孤岛”上去，在南边以利奥波德运河为分界线；另一方面，在安特卫普以东，同时归加拿大集团军指挥的第一军，已经抵达并横渡了安特卫普—特恩浩特运河。

完成以上热身动作后，我们计划分三步来达成目的：攻占布雷斯肯斯“孤岛”，占领南贝弗兰德半岛，最后，从东、西、南三面袭击从而夺取伐耳赫伦岛。前两步是可以同时进行的。守卫布雷斯肯斯“孤岛”的德军被证实是一群不屈不挠的士兵，为了渡过利奥波德运

河，我军和敌军正在进行一场恶战，加拿大的一个旅力挽狂澜：他们逆流而上，在“孤岛”的最东端登陆，沿着河岸硬是开辟了一条直奔布雷斯肯斯的路，并在 10 月 22 日攻下该地。与此同时，第一集团军从安特卫普—特恩浩特运河向西北稳步推进，沿路遭遇了敌人日趋激烈的反抗，最后，我们也成功地保卫了南贝弗兰德地峡。完成以上步骤后，我们开始着手第三步：从东、南、西三面袭击从而夺取伐耳赫伦岛。

这个艰巨的任务交给了加拿大第二师，他们经过了一大片水深及腰的涝洼地，向西前进。第五十二师大部分士兵坐渡船过了斯凯尔特河，在南岸的巴尔兰德登陆，对加拿大第二师进行增援。到了月底，经过一番苦战，我军占领了整个地峡。与此同时，敌人在布雷斯肯斯“孤岛”上的最后几个据点都被铲除，进攻伐耳赫伦岛预备工作已全部完成。而加拿大部队的成功为接下来更辉煌的作战行动奠定了重要的基础。在接下来的一个月苦战中，在科宁厄姆空军中将的第二战术空军的大力支援下，俘虏了至少一万两千五百多名德军，这些都是不到最后一刻绝不投降的顽敌。

*　　*　　*

伐耳赫伦岛呈现出一个茶碟的形状：四周边缘由沙丘环绕着，以防海水倒灌，淹没中心平原。在靠近佛斯卡特佩勒的西部边缘，有一个缺口。这个缺口由一座高三十尺、底部宽一百码的巨型堤坝来阻挡海水。在这个强大的人造防御里面，大概驻扎着一万名士兵，并配备约三十座炮台和一些隐藏在混凝土里面的大口径火炮。敌人花费了四年的时间去经营这个守卫着安特卫普门户的地方，里面布满了防止坦克进攻的障碍物，如地雷和铁丝网。

10 月初，皇家军队首先出击，经过一连串猛烈的轰炸，在佛斯卡特佩勒的堤坝上炸开了一个宽约四百码的大缺口，海水随即涌入“茶碟”的中心，淹没了那里的防御工事和炮台。可是最强大的炮台阵和

障碍物都是集中在岛的边缘上，攻占边缘的过程已经有人很生动地描述过了，这里我再简单表述一下，整体来说我们的目标是很集中的。在东面，加拿大第二师从南贝弗兰德半岛通过接连两头的堤坝进军，在第五十二师一个旅的协助下，最后夺取了一处防御工事。在中心地带，第四突击队于11月1日从布雷斯肯斯乘船横渡，大胆地在符利辛根海岸登陆，第五十二师的士兵紧随其后，一路杀进镇中心。担任此次主攻的是由三个海军陆战队组成的突击队，该队由莱斯特准将率领，从西面的奥斯坦德登船，驶向佛斯卡特佩勒。直到11月1日的上午七点，他们终于看到了灯塔。随着突击队的靠近，海军轰击中队开始开炮进行掩护：其中包括英国军舰“沃斯派特”号和两艘配有十五英寸口径大炮的“埃里伯斯”号和“罗伯茨”号，加上一个中队的武装登陆艇。他们逼近海岸边，即使伤亡严重，可还是开足马力直到两支突击队伍安全登陆。一边，第四十一突击队在海堤缺口的北端登陆，在占领了佛斯卡特佩勒村后，随即向多姆堡推进；另一边，第四十八突击队在海堤缺口以南登陆，立刻遭到敌人猛烈的反抗。即使海军的火力掩护的作用是不可估量的，可是缺乏了一个主要的辅助要素：我们原本计划前一天对敌军进行一次猛烈的轰炸，可是由于大雾，我们的飞机无法起飞。不可否认，在关键时刻，战斗轰炸机对登陆起到了有效的帮助，但是由于敌军的防御系统并没有受到沉重的打击，因此我们的海军陆战队遭遇了比预想中更猛烈的反击。

当天晚上，第四十八突击队沿着岛的边缘向符利辛根进军，仅仅前进了两英里就被隐藏在混凝土后的大炮发出的强劲炮火阻挡住了去路。于是加拿大第二军出动所有的大炮，从布雷斯肯斯海滨隔岸对准目标开火，同时空军对准敌人的炮眼发射火箭弹。在伙伴们的协助下，突击队在黄昏时将防守的敌人消灭干净。第二天清晨，突击队继续强势推进，赶在中午前就占领了索乌特兰德。接着第四十七突击队接手任务，趁着敌军防备减弱，一口气打到了符利辛根的郊外。在11月3日，他们和第四突击队汇合。前期，第四突击队已经逐家逐户肃清敌人，会师后没过几天，整个岛都被我们占领了，并俘虏了八千名敌军。

在这场战役中，突击队还立下了不少丰功伟绩。虽然其他部队和其他士兵都在这场举世瞩目的战役中发挥了重要作用，但是皇家海军陆战队的英勇表现尤为突出，突击队的战略再一次获得了成功。

* * *

攻下符利辛根以后，扫雷工作立即展开，在接下来的三个星期，出动了一百条船去清理这条七十英里长的河道。11 月 28 日，第一批护航船队到达，英军和美军进入安特卫普。不久前 V1 导弹和 V2 导弹让这座城市吃尽了苦头，也造成了许多人员伤亡，但这次行动对战局的影响并不大，与此前伦敦的情况差不多。

我们驱逐德军并不仅仅是因为安特卫普遭受了沉重的打击，还有其他的缘由。当加拿大第二师向西进入南贝弗兰德的时候，发现默兹河以南和奈梅亨走廊以西的一个地方还有四个师的德军在守卫着；这是一个棘手的突出部，直到 11 月 8 日才被第一军和第十二军除掉。另外在奈梅亨走廊的另一侧，即默兹河以西和文洛周围，还盘踞着一批顽固的敌人。在 10 月的第一个星期，美国第一集团军就往南挺进，在亚琛以北突破了齐格菲防线。在三面夹击之下，这个镇上的德军终于在 10 月 21 日缴械投降。第三集团军（第一集团军的侧翼）已经进入到摩泽尔河以东二十英里处，而此时，美国第七集团军和法国第一集团军齐头并进，向孚日山脉和贝尔福山峡进军。另外一侧，美军在 9 月快速行进中几乎耗光了所有的物资，现在他们必须停下来储备物资，准备迎接 11 月的大规模作战。

* * *

在向法国和比利时边界进军时，战略空军给予了盟军很大的帮助。到了秋天，战略空军又重新肩负起轰炸德军的重担，这次他们以炼油设备和运输网作为攻击目标。敌人的雷达网和预警系统被我们赶回了

他们边界内，而我们的导航和拦截导弹的设备也相应地向前推进。我们的人员伤亡率降低了，同时，我们进攻的强度和精准度都得到了提升。我们持久的猛攻迫使德军把他们的工厂分散得很广，因而他们更加依赖完善的交通设施，这使得他们痛苦不堪。由于缺乏货车运输，那些作战急需的煤炭只能被堆在矿坑口，每天都有上千辆运货车由于缺乏燃料而被迫暂停运作。随着工厂、发电厂和煤气厂倒闭，采油量和储备大幅度跳水，这不仅仅影响了部队的作战，还影响了空军的活动乃至他们的训练。

在 8 月，施佩尔就曾警告过希特勒：由于合成油工厂缺乏副产品供应，整个化工业逐渐减产，而随着时间的推移，情况日渐严重。到了 11 月，他又汇报：如果铁路的运输量再持续下降，这会引起“决定性的生产大灾难”。到了 12 月，他竟然赞扬我们的战略是“影响深远且充满智慧的”。由此可见，我们的轰炸进攻战略终于开始收获胜利的果实了。

第四章

FOUR

访问莫斯科的序幕

苏联攻势进展——我渴望再次同斯大林会晤——波兰与希腊的未来——世界组织和敦巴顿橡树园会议的僵局——我计划访问莫斯科——与美国总统通信——收到斯大林的热情邀请——苏联与远东——意大利战役

1944 年夏天，苏联发动猛烈的进攻，这里我们已经讨论过了，但也仅是讨论到 9 月末为止，当时乘着罗马尼亚革命之风，苏军从多瑙河流域进入匈牙利边境。在这里他们进行了短暂的休整及军队补给。现在我们就从晚秋时节继续说起。

此次战役声势浩大，我们满怀强烈的兴趣和希望时刻关注着他们。波罗的海北部的德军由于苏军南进而被阻断退路，但是要除掉又非常困难。9 月中旬我们从派帕斯湖两端对他们发起过几次攻击，进展迅速，不到三个星期便从里加延伸至北部的整个波罗的海沿岸。

9 月 24 日，南部战线再次陷入战火中。攻势沿多瑙河南岸开始，攻入南斯拉夫境内。不久前迅速加入我们阵营的保加利亚军队也支持苏军左翼，并且在这次战役中与铁托的非正规武装力量取得联系，有望阻止德军企图从希腊撤退的阴谋。希特勒放着波兰显而易见的危险不顾，却对匈牙利战役非常重视，执意要支援。10 月 6 日，在罗马尼亚军队的协助下，苏联人发起主攻，从东南打到布达佩斯，并在北面的喀尔巴阡山区发起突袭，作为助攻。苏军从多瑙河两岸路过，于 10 月 20 日解放贝尔格莱德，歼灭了驻在该地的德军。

*　*　*

夏季，我与总统达成一致协议：为了更好地帮助个别受到敌人影响的国家，我们需要分头照料。到目前为止，该协议已经顺利执行了3个月。但是随着秋季的到来，东欧的局势变得异常紧张。自从德黑兰会议后我没有见过斯大林，但是我觉得现在有必要和他安排一次见面。尽管发生了华沙悲剧，但是我觉得“霸王”作战计划的成功，可以让我们再次取得联系。苏军目前在巴尔干战场猛烈进攻，而罗马尼亚和保加利亚早就在他们的掌控中。伟大同盟的胜利指日可待。

我从来没有觉得我们需要为罗马尼亚和保加利亚的关系而做出任何牺牲。但是波兰和希腊的命运却时刻牵动着我们的心。我们因为波兰而加入战役，因为希腊而付出了惨重的代价。目前两国政府都在英国避难，如果他们的人民愿意，我们有责任帮助他们重振国家。总而言之，我想美国也有同样的感受。我希望好好利用与苏维埃政府的良好关系，来解决东西方之间暴露的这些新问题。

除了这些对整个中欧影响巨大的问题以外，关于世界组织的问题也一直萦绕在我们心头。8月至10月，在位于华盛顿附近的敦巴顿橡树园，美国、英国、苏联和中国召开了一次漫长的会议，制定了现在众所周知的维护世界和平的方案。他们倡议所有热爱和平的国家都加入一个叫作联合国的新组织。这个组织由一个大会及一个安全理事会组成。会议中将会就如何促进和维护世界和平进行讨论，并且会就安全理事会如何在维护世界和平中发挥的作用提出意见。每个国家都是参会成员并且拥有投票权。大会拥有投票权和建议权，但是没有执行权。安全理事会将会调查各成员国之间的争端，如果不能和平解决问题，也可以采用武力解决争端。这与国际联盟就完全不同了。新的方案，大会可以讨论和建议，只有安全理事会才有执行权。安全理事会的自由裁决不受“侵略”定义的约束，何时用武力解决问题、何时进行制裁，也不受限制。

针对成员国如何行使权力，以及谁有资格成为成员国的问题，进行了大量的讨论。最终我们确定："三巨头"和中国成为常任理事国。在适当的时候，法国也可以加入进来。除此之外，大会还要另外再选6个国家加入理事会，每两年为一任期。接着就是投票权的问题了。大会的每个成员国都有投票权，但如果只能讨论和提出建议，这样，大会就没有什么实际的意义，确认安全理事会的内部投票方式就更困难。在讨论过程中就可以看出三大盟国之间的巨大分歧了，在下面的内容里也会提到这一点。克里姆林宫并不想加入一个可能被一大群小国家投票压制的国际组织。虽然这并不影响战争的进程，但是他们在取得胜利后也一定会要求拥有平等的地位。因此我确信，拥有共同的敌人，我们才能联合起来，这是我们最有可能和苏联达成一致的方式。希特勒以及希特勒主义是一定会灭亡的，但是希特勒之后，情况又会变成什么样呢？

* * *

史末资元帅在南非草原的自家农场里也在思考同样的问题。他给我发来电报：

史末资元帅致首相：

苏联在世界组织问题会谈中所造成的僵局，我表示深切关注，不管怎样，它刚好又发生在战争最后阶段这一最不幸的时刻。我担心我们会像处理其他事情一样，急于做出重大决定，却因仓促而留下隐患。电讯、国际航讯等等，都在传播同样的流言。既然无论如何这个僵局都会造成极具灾难性的后果，那么允许我冒昧地发出这封警告信。

一开始，我就觉得苏联的态度十分荒唐，他们的想法不会被其他大国接受。但是我重新加以考量后，又觉得可以从另一角度看。我认为莫洛托夫在表达苏联观点时是十分真诚

的，而且卡多根和克拉克·克尔也准确地表达了苏联的观点，毕竟这关系到苏联在盟国中的荣耀和地位。苏联质问我们：他能否得到盟国信任和平等对待？还是说他仍被当成应受排斥的一方？这不仅仅是意见产生了分歧，误解也可能更大。这可能会打击苏联的自尊心，导致其产生自卑感，最终造成欧洲关系恶化，后果影响深远。意识到自己力量的苏联，可能就此变得比以前更加危险。他在寻找解决办法时，就可以看出他的反应和对权力的渴望了。在未来，他和德国、日本，乃至法国这些国家的关系会是怎样的呢？更不要说一些更小的国家了。如果不把苏联纳入一个世界性组织里面，那他就会成为另一个集团的力量中心。我们就可能要面对第三次世界大战。如果联合国不建立这样一个组织，那么它在历史面前就毫无价值。这会造成一个严重的两难困境，我们无论如何都要避免自己陷入这种境地。

考虑到这些潜在危险，一些小国家需要做好让步准备，尽量不要伤害到苏联的自尊心。在这样的问题上是不能要求理论上的公平地位的。这样的要求肯定会备受压力，可能对小国家来说也是毁灭性的打击。在处理关于国家权力和安全的问题时，提出主权平等这个理论议题肯定是非常不明智的。对于美国和英国来说，他们更多是利用自己的影响来支持常识和安全第一，而不是小国家的地位。

坚持大国之间保持一致性的原则是非常必要的，至少在战后的这几年是这样。如果这样的原则在实际情况下并不能发挥作用，那么至少也能够在已经建立的信任基础上去寻求一个更行之有效的原则，再重新审时度势。现存的分歧需要尽快不计代价地去解决。如果几个大国能将一致性原则通过，甚至将与利益相关问题的表决权也一道解决，就迫切需要美国和英国这样的大国利用他们的全部影响，使得苏联合理明智地行动。只有这样，英美两国才有可能取得巨大的进展。

如果苏联一直不肯做出让步，那么就有必要让联合国发挥作用了，但联合国也有可能会因此受到指责。在最坏的情况下，一致性原则只有否决的权力，或者停止行动也许是明智的，或是必要的。这样会带来消极的后果。但这样的话，美国和英国不同意的行动方针，苏联也没法推行。

类似于一致性原则这种制约办法，对于沉迷于刚刚获得了权力的人们来说并不是一件坏事。我并不是在辩护，只是不喜欢而已。但我觉得这也不是一个坏的手段，不一定需要以牺牲世界的和平与安全为代价。

目前会谈仍在官方顾问层级进行，尽管未来一定会有更高层级的人参与讨论。在更高一级做出明确的决定前，我觉得需要慎重地审视整个局势，深入探讨其内涵，几个大国也要努力达成一些临时协定，哪怕只是一个暂时的条约也可以，这样才能够避免一场重大灾难。这与未来的问题密切相关，我们必须保持一致，不能出现意见相左的情况。

1944 年 9 月 20 日

接着又收到电报：

史末资元帅致首相：

希望您在加拿大辛苦工作的结果，证明您的努力是没白费的……我热烈祝贺您和丘吉尔夫人平安回国。

意大利的战役比之前预计的要慢很多，雨季即将来临，可能不会按照您对那个区域的希望那样发展，不过亚历山大还是能够继续保持我们在巴尔干地区的威望。

希腊的局势看起来更不尽如人意。如今希腊正由“民族解放阵线”控制，其实这很大程度是我们造成的。我希望这次我们从地中海的重大利益和那些正遭受苦难的希腊人民的利益出发，制止这种局面继续发展，这样我们忠诚的希腊伙

伴也许会因为我们的积极行动而受到鼓舞。帕潘德里欧很快就要受制于“民族解放阵线”，这些人毫无疑问是仰仗苏联的支持。我希望您可以找个时间和希腊国王讨论保卫我们和希腊切身利益的最好办法。未来地中海组织的结构正在迅速成型，但在某种程度上将对我们不利。

我说的这些话没有任何对苏联的敌意。我们对以后最大的希望就是基于三巨头之间的亲密合作。我对敦巴顿橡树园会议的僵局所提出的建议就是对此的一个证明。苏联的政权越巩固，他在未来就能走得越远，这样一来我们能够发挥的作用就越少。我们在地中海和西欧的地位一定要加强，不能被削弱。这两个区域内我们既得不到苏联的支持，也得不到法国戴高乐的支持。

从这一立场看，我们认为德国未来的处置办法十分重要，并且可能远远超过或者明显不同于现今所显示出来的样子。通过这场战争，我们消灭纳粹德国，欧洲和世界就会迎来一个新的局面。这要求我们对未来整个外交政策进行重新考虑。当人们需要一个世界性组织时，我们的联邦和帝国也应该从这严峻的考验中崛起，越具有影响力就越好，让我们在每一方面都称得上是其他两个大国的平等伙伴，这是最根本的。

由此看来，我也对你们各政党内部公约的破裂趋势深表遗憾。这个公约在战时曾获得无比辉煌的成就。我希望您能利用您的强大影响去阻止这一破裂局面过早形成，至少在欧洲和世界的新解决办法出来之前发挥一下作用。事情还没结束，请务必注意身体。

1944年9月26日

史末资元帅致首相：

非常感谢您的四封电报，我是在给您发完电报以后收到的，当时您已回国。前面两封电报说到敦巴顿橡树园会议的

僵局，我非常关注您的意见和您为之后的会议所提出的方针，从很多角度来看，这些意见是很令人钦佩的。第三封电报里提到对于欧洲和亚洲的作战计划。我很欣赏您关于意大利和巴尔干地区的作战部署。敌人看起来要撤出希腊了，既然如此，我们要赶紧出现在那里，免得希腊落入“民族解放阵线”之手，这才是明智的办法。这件事在我之前的电报里提到过，也是对大英帝国的一种特别的关心吧。

至于太平洋战争问题，令人担心的是在战胜德国以后，美国的战争热情会冷却下来，美国人的热情会转移到贸易和工业上去。所以您的全力参与肯定会令他们感激不尽。我也很高兴地得知，蒙巴顿虽然遭受过不公正的待遇，但他现在可以在缅甸和马来亚一显身手。

英国和美国之间对德国占领区的划分看起来是公平的，而在苏联人的占领下，普鲁士很可能会成为苏联的一个省或者是一个保护国。然而，对欧洲来说，德国这个持续了多年的老问题还是如此令人头大。

1944 年 9 月 27 日

* * *

敦巴顿橡树园会议没有达成协议便结束了，但我迫切地感觉到要见见斯大林，我总是觉得可以和他谈一谈。像一个普通人对另一个普通人那样谈话。

首相致空军参谋长：

我也许需要和艾登先生一起前往莫斯科。乘一架新飞机固然舒服，但照约定要到 10 月 15 日才能有新的飞机，我们可能等不到那个时候。我想我们用这种新飞机可以一次直飞开罗，而坐“约克”式飞机要分成两站来飞，在那不勒斯或

马耳他加油。在开罗要随时留意气象。天气晴朗的话，美国总统可以飞越五六千英尺的高山，我肯定可以在八千或一万英尺的高空作短时间的飞行。1942 年 8 月，我们乘“突击队员”式飞机飞过高加索山脉时究竟飞到了多高？我记得我们飞过了一万一千英尺，不过只持续了很短的时间。飞越整个山脉应该不到三个小时。过了这一段，我们就低空飞过里海和苏联的平原了。再没有必要像上次那样绕道而行。最根本的是我们要在开罗或德黑兰等待天气绝对晴朗时才能如此。

请给我一份报告和明确的计划。

1944 年 9 月 27 日

在同一天，我给斯大林发了一份电报：

首相致斯大林元帅：

1. 我从克拉克·克尔大使那里获悉您对英美军队在法国作战行动的赞扬，我备感欣慰。对于这样一位苏军的英雄领袖的表彰，我们视若珍宝。

我要好好把握明天在下议院的机会重申我以前说过的话，即苏联军队把德国战争机器的精力耗尽，目前还把一大部分的敌军牵制在自己的前线上。

2. 我刚刚结束和总统的一番长时间讨论，回到了国内。我可以向您保证，我们坚信，我们英、美、苏三国的协调一致，是全世界的希望。据悉您最近身体不太好，医生不建议您高空长途飞行，我深表遗憾。总统曾提到过，海牙会是一个比较适合我们会晤的地点，但我们至今没有攻克。也许战争的进展，可能在圣诞节前就能大大改变波罗的海沿岸的局面，这样您的旅途就不会那么疲惫或艰难了。但是，在我们这种计划可能实现之前，还会经历很多艰苦的战斗。

3. 绝密。总统计划访问英格兰，然后访问法国和低地国

家，无论他能否在大选中胜出，这是他之后立刻要做的。据我所知，我相信他能当选。

4. 我迫切地希望（据我所知，总统也一样），希望苏联将按照您在德黑兰所许下的承诺行事，一旦德军被击败或被摧毁，马上参与到对日作战中来。苏军开辟战场对于日本来说会让他们焦头烂额，尤其是空军方面，会大大加速他们的失败。从我所知道的有关日本国内的全部情况，以及日本人民的绝望心情来看，我相信一旦纳粹被粉碎，我们三大国对日本发起三方联合招降会具有决定性的作用。当然，我们必须共同仔细研究这些计划。只要我能抽出时间，我将乐意在10月间来到莫斯科。如果我走不开，艾登则会准备代替我前往。与此同时给予我对您和莫洛托夫最诚挚的祝愿。

1944 年 9 月 27 日

* * *

史末资的见解给罗斯福留下了深刻的印象。

罗斯福总统致首相：

我饶有兴趣地读了您转来的史末资元帅的电文，我认为我们都会同意他的意见，即在几个大国间为了防止国际战争而成立的任何联合组织中，必须把苏联当成一个得到充分接受的平等成员来看待。

通过各个相关方面的妥协来调整分歧，这是有可能做到的，这样做也应该可以暂时地顺利度过几年，直到这个婴儿学会走路为止。

1944 年 9 月 28 日

“婴儿”在这里指的就是世界组织。

我复电如下：

首相致罗斯福总统：

……不久前的一个晚上，斯大林在同克拉克·克尔和哈里曼谈话时，还十分健谈和友好。但他“在抱怨自己的健康状况”。他说只有在莫斯科身体才感觉好些，甚至到前线视察也有坏处。他的医生们坚决反对他坐飞机，上次从德黑兰回来休养了两星期才恢复，诸如此类。

鉴于这种种情况，安东尼和我正认真地考虑，打算尽快飞往那里。现在航程已经缩短了。对于我们的建议，斯大林还没答复。我们心中的两大目标就是：第一，坚持要他对日作战；第二，争取对波兰问题实现和解。还有一些有关南斯拉夫和希腊的问题，我们也要讨论。每一个细节我们都会通知到您。艾夫里尔·哈里曼如能协助，我们当然是欢迎的，也许您可以派斯退丁纽斯或马歇尔来。我现在确信私人接触是必不可少的。

德国今年不会被打败，这一点我很清楚。我在一份电报上看到奥马尔·布雷德利已经开始考虑在11月中渡过莱茵河的一份作战计划，我也留意到德国有加强抵抗的某些迹象。

对您说一些私底下的话：您的演讲词我读得有滋有味，如能看到精神抖擞的您，我会倍感兴奋。

祝一切顺利。

1944年9月29日

同一天又收到斯大林的如下电报：

斯大林元帅致首相：

我已经收到您和罗斯福总统发来的关于魁北克会议的电报，还有关于您更进一步的军事计划。美英武装力量所必须

要解决的重要任务，都在你们发来的电报中说得很清楚了。请允许我祝愿您和您的军队一切顺利。

目前苏军正忙于肃清波罗的海沿岸威胁我军右翼的德国部队。不歼灭这些部队，我们就无法深入德国东部。除此之外，我们的军队当前还有两个迫切的任务：第一，让匈牙利退出战争；第二，我军发动一次进攻，以此来摸清德国在东线战场的防御情况，如果条件有利，就攻破它。

1944 年 9 月 29 日

总统赞成我们前往莫斯科的计划。9 月 30 日他发来了如下的电报：

罗斯福总统致首相：

在您收到斯大林的复电，确定了您和安东尼到达莫斯科的日期后，请马上告诉我。我认为在目前，斯大林对于他在东方帮助我们的目的这些质疑会十分敏感。

应您的要求，我会让哈里曼按照您的要求给您提供任何帮助。至于由斯退丁纽斯或马歇尔代表我出席一事是不切实际的，也没什么好处。

1944 年 9 月 30 日

这时候斯大林向我发来了盛情的邀请。

斯大林元帅致首相：

我已收到您 9 月 27 日的来电。

我和您一样，都坚信三大国的高度一致会对未来的和平构成一个真正的保障，也切合所有热爱和平的百姓们的最好愿望。对于我而言，如果我们的政府在战后继续沿用我们这次伟大战争中所用的政策，那么将会产生决定性的影响。当

然我很想和您以及总统见面。从我们共同事业的利益出发，我高度重视这次会晤。但就我个人而言，我还是有一个保留意见，那就是医生们都不建议我长途旅行，在一段时间内我必须很注意这一点。

您希望在10月份来莫斯科，我非常欢迎。我们将对大量的军事和其他问题进行研究，这些问题非常重要。如果您有事情耽搁了无法前往莫斯科，我们当然会做好准备会见艾登先生。您之前说总统计划去欧洲旅行，我很感兴趣。我也对他在大选中能胜出有十足把握。至于日本，我们的立场就和在德黑兰会议时一样。

我和莫洛托夫给您送去我们最美好的祝愿。

1944年9月30日

就这样，我把事情安排妥当。

首相致克拉克·克尔爵士（莫斯科）：

1. 您会收到斯大林元帅在9月30日发出的电报，语气很友好。如果天气允许，安东尼和我打算在星期六晚上出发。旅程已经缩减了很多，我们可以不用绕道大西洋和西班牙，也不用经过高山地区和德黑兰。这次不会超过三天，可能就两天吧。空军部会和莫斯科方面做好安排。

2. 我认为最好是作为苏联政府的客人前往，因为他们太热情好客，对我们的事业有帮助。但我们当然也要在大使馆举行宴会，您能否探探他们口风，看看如何？

3. 我可能会带夫人和我一同前往。现在她在那里有个红十字会，英国的人民如果知道她就在身边照顾我会很高兴。但我不知道这样是否合适。当然她没想要去参加克里姆林宫的宴会，因为宴会只允许男士出席。但我推测除了她自己的红十字会，还有其他的事情是她可以看看的。但考虑到斯大

林已经断弦，我这样做会不会让苏联人感到为难？请您就这一点直接提出意见。

盼立即答复。

1944 年 10 月 1 日

第二天大使就回电了，他和苏联方面对我已经决定要来很高兴，安东尼也会一同前来。“打铁要趁热。苏联人期待您来做客，而带丘吉尔夫人同行的提议也深受大家欢迎。”

然而我的妻子这次却决定不去了。我请求罗斯福告诉斯大林说他同意我们前往，哈里曼先生也会加入讨论。我还询问他关于美国远东战争计划我能说些什么。

首相致罗斯福总统：

……我们想要从他们口中得知，在德国覆灭之后，具有优势的苏联军队需要多长时间才能集中到中国东北边境与日本对峙，我们想要听到他们对于这个战役有什么问题和意见，由于最近一段时间交通线易受攻击，所以问题也就凸显了出来。

当然我们讨论的大部分会是有关波兰人的问题，然而我和您在这点上的看法十分相似，所以我就不需要请您特别加以指点了。

敦巴顿橡树园会议的问题肯定会提出来，所以我必须告诉您，我们都很清楚唯一的希望是几个大国的同意（即全体意见一致）。我竟然得出这种和我最初的想法相反的结论，我表示很遗憾。对于这个问题，您有什么想要实现的愿望，请告诉我，也相应地给艾夫里尔以指示。

1944 年 10 月 4 日

总统随即来电表示他最充分的赞同和亲切的善意。

罗斯福总统致首相：

我完全理解为什么您要在我们三国碰面之前要和斯大林见面。你们在那边将要讨论的问题，美国当然也很关心，据我判断您肯定会同意。因此，如果您和斯大林同意的话，我已让哈里曼从旁协助，继续以观察员身份参加会议，我也已经通知斯大林了。当然艾夫里尔还没有代表美国承担任何责任的地位——我不会允许任何人预先代表我承担任何责任——但他可以随时把情况告诉我，我也会告诉他，会议一结束就马上向我汇报。

我很抱歉我没能亲自和你们一起去，但我在大选结束后的任何时间都准备好参加我们三国之间的会晤，您和斯大林先进行会晤，会成为一个有利的开端，我也告诉了斯大林。

和您一样，我对我们三国之间的继续团结高度重视。但同时我很抱歉，我无法同意您要在这个时候提出表决权问题。我确定，这个事情我们三国可以一起解决，所以我希望您在我们三国会见之前先别提这个问题。这个问题毕竟没有那么紧急，这直接关系到美、英两国以及联合国所有成员国的舆论问题。

我正要求我们在莫斯科的军事人员把我们参谋长联席会议给斯大林的意见书也给您一份，供您参考。

致以您最好的祝愿，我会殷切等待事态进展的消息。

1944 年 10 月 4 日

首相致罗斯福总统：

1. 十分感谢您的意见和祝愿。艾夫里尔将能出席所有主要会议，我很高兴。但我相信您不希望因此妨碍到我和斯大林，或者安东尼和莫洛托夫之间的私密会谈，事情往往是在这种情况下才能得到最好的进展。您大可相信我，除了艾夫里尔拟送的报告外，我一定会随时把影响到我们共同利益的

所有事情都告诉您。

2. 从您倒数第二句话里，我得知您已经把太平洋计划的总说明寄给了您在莫斯科的人，即将送到斯大林那里，我到达的时候也能看到。这是极大的便利。

3. 如果斯大林提出了表决权的问题（他很有可能会这么做），那我就告诉他这还不着急，当我们三人聚首时，这件事情一定可以搞定。

1944 年 10 月 5 日

* * *

所有主要问题就这么解决了。现在就剩旅程规划的问题了。

首相致斯大林元帅：

1. 您的下属很担心我所航行的路线。我不适合飞到八千英尺以上的高空，尽管有时候迫不得已，我依然可以坚持个把小时。我们觉得从爱琴海和黑海飞过的风险较小。从整体上看，这是最佳的方案，没有什么不合时宜的风险会扰乱我们的计划，我很满意。

2. 只要我们在必要时能在辛菲罗波尔，或者是在你们选定的任何其他沿海的作战着陆场安全降落加油，那我对所提供的设施就十分满意了。我的飞机里有我需要的一切东西。唯一重要的事情就是我们要先派一架飞机过去，和您一起建立一个联合的通讯站，以便调整我们的导航和着陆。请给予我们必要的指示。

3. 自 1942 年 8 月以来，莫斯科的环境比以前要令人愉快得多，我很期待再次重游。

1944 年 10 月 4 日

斯大林元帅致首相：

这次在辛菲罗波尔附近的萨拉布兹机场着陆，已安排妥当。请指派你们的信号飞机到该机场来。

1944 年 10 月 5 日

*　*　*

5 日晚上，艾登和我，以及布鲁克和伊斯梅分乘两架飞机出发。在那不勒斯时，我们和威尔逊、亚历山大两位将军谈了四个小时。他们的描述让我很苦恼。自从亚历山大在 8 月最后几天开始发动进攻以来，我已经离开意大利五个星期了。为了方便起见，我会把故事一直讲到秋季结束为止。

第八集团军的进攻很成功，也很顺利。德国人很震惊，到了 9 月 1 日我方已穿过长达二十英里的哥特防线。和以前一样，凯塞林很快就反应过来，开始从其中央战区调来援兵。他们很及时地在柯里亚诺山脊布置好人马，封锁通往里米尼的道路，他们抵抗了一个星期时间，然后我们把它拿下了。

首相致亚历山大将军：

此次攻占柯里亚诺山脊和马腊诺河通道的胜利，我表示衷心祝贺！我看得出来这次是所有参战部队立下的赫赫战功。我希望这次成功能够使您的前程更加光明。

1944 年 9 月 15 日

凯塞林从其中央战区和右翼调来了七个师，我们与其在圣弗通纳托激战了三天。在地空攻击的巧妙配合下，终于拿下该地，敌人撤退，9 月 20 日攻下里米尼。

由于凯塞林的中央战区遭到削弱，给了亚历山大下属的第五集团军可乘之机。敌人从前线阵地撤下来以节省兵力，我们便可以不用进

行预备攻击就把兵力集结到敌人的主阵地上。9 月 13 日，第五集团军发动进攻。两天后，印度第八师带领我们的第十三军越过无路的山地向前推进，并在通往法因札的路上突破了哥特防线。到 18 日，英军和位于左翼的美国第二军便出现在分水岭的山顶。第八集团军采用迂回战术攻击哥特防线的东端，现在它的中央地段也被突破。

虽然伤亡惨重，但我们取得了巨大的成功，前途一片光明。不过凯塞林得到了进一步的支援补充，把他的德国师扩充到了总共二十八个。他从其他战区搜刮了两个师过来，开始进行猛烈反击，这就加大了我们山路补给的难度，第十三军向伊莫拉前进受到阻碍。于是克拉克将军转向通往波伦亚的公路，发动猛烈进攻，10 月 1 日，美国第二军连同四个师往前推进，几天之后到达洛亚诺。敌军防守坚固，战场地势崎岖不平，大雨滂沱。10 月 20 日至 24 日，他们到达伊莫拉附近一个据点，这里离博洛尼亚东南部只有四公里，此时战争达到高潮。敌人位于第八集团军对面，我们从敌人背后包抄切断，眼看就要成功了。但用亚历山大的话来说，“因为雨势滂沱，狂风大作，第五集团军也筋疲力尽了，所以这次敌军得以守住防线”。

对于第八集团军来说，10 月也是倍感挫败的一个月。麦克里里将军已经代替李斯将军成为司令指挥官，李斯将军刚被调去东南亚担任更高的职务。10 月 7 日，他开始沿着里米尼—波伦亚公路的轴线前进，英国第五军紧紧跟随，后来加拿大军队也加入了。与此同时，第十军则在南面的山区作战。天气情况恶劣，滂沱的大雨淹没了无数的河流和灌溉渠，已经开垦过的农田也被淹没，又变回了以前没开垦的沼泽状态。离开路面行动是不可能了。在这样的重重困难下，军队仍然坚持跋涉前进，直指博洛尼亚。

尽管如此，10 月 19 日，我们还是到达了切泽纳，波兰部队接替了在南翼的第十军，继续往弗利—佛罗伦萨公路前进，这条路很重要，因为它给我军与马克·克拉克集团军进行平行沟通提供了捷径。据我们所知，这支集团军正慢慢逼近博洛尼亚。在这紧急的时刻，德国司令官大胆地从东线调集三个精良的师到他的中央战线来。这无疑挽救

了他在中央战线的局势。第八集团军人员有所减少。印度第四师和希腊旅还得被派去应付希腊的危机，这事等到后面一章再说。

*　　*　　*

10 月 10 日，我从莫斯科把目前事态进展的所有情况都报告了总统，并加了下面的内容：

> 1. 在我看来，荷兰突出部所面临的压力似乎越来越沉重，我们的前进很缓慢，也付出了很大代价。在这种情况之下，我们不得不痛心地提出，我们必须把本定在 3 月份的“吸血鬼”行动推迟到 11 月份，把英国第三师留在法国，把第五十二师也调过去。把第六空降师派去荷兰。第五十二师是我们最好的师之一，拥有大约两万两千名勇猛的士兵。艾森豪威尔指望这些部队可以用于即将开始的莱茵河作战行动，当然，这也是运送增援部队去法国最快的办法了。
>
> ……
>
> 3. 您能不能派出两个（最好是三个）美国师到意大利战线？这样他们就能够加入马克·克拉克的第五集团军，给亚历山大增加所需的力量。他们最好能在三四个星期内到达那里。我考虑到，我们将要给艾森豪威尔派去这额外的两个师，这件事情您可以从宽考虑。
>
> 4. 关于伊斯特里亚、的里雅斯特等问题，威尔逊将军正准备把他的计划交给联合参谋部。此计划会和整个战略目标一致，也就是说，把凯塞林军队逐出意大利，或者彻底摧毁。

几天之后，他回电如下：

罗斯福总统致首相（莫斯科）：

我很感激您给我们提供的意大利战役的报告，到目前为止，我们的联合作战已造成近二十万人伤亡，其中九万人是美国人。我的参谋长认可威尔逊的估计，我们现在不能指望在冬天消灭凯塞林的军队，波河流域的地形和气候都不利于今年做出任何决定性的进展。他们考虑得比较深远。只要德国人认为这样做比把这些师用在牵制我方在波河南面的力量更有利可图，他们便可以自由地从意大利调集五个或者六个师到西部的战线去。即便盟军会增派美军，德军也认为不会对今年意大利的战役有影响。我们所有人都未曾预料到，现在要面临人力不足的问题，比起其他一切军事问题，现在更为迫切的事情是必须快速准备新兵部队去支援艾森豪威尔，帮他打进德国和结束欧洲战役。自 8 月 25 日以来，在意大利的这些部队一直处于战斗状态，毫无疑问他们是非常疲惫了。而现在，艾森豪威尔正在德国进行着决定性的战斗，随他作战的这些部队从 6 月初在诺曼底登陆以来就一直在不断地战斗。当前要紧的，就是在从瑞士到北海的这条漫长战线上，集结增援的部队。而更为紧要的是给艾森豪威尔增加新兵部队，让我们一直在前线战斗的士兵们能得到喘息的机会，他们从诺曼底登陆的第一天开始就一直担任战斗的先锋。根据马歇尔将军对目前局势的分析来看，我们现在正在采取紧急方法，先让其他部队增派这些师的步兵团到艾森豪威尔将军处，以便他能替换一些一直在前线的疲惫士兵。

把任何部队转移到意大利不但不能解决法国迫切需要新兵的问题，反而要把这些部队投入到没有决定性意义的北意大利冬季高度消耗战中去。军队已面对的和即将面对的困难而艰巨的任务，我感同身受，但是我们不能扣留德国战役所需的主战兵力。

根据马歇尔将军报告中提到的艾森豪威尔将军目前所面

临的问题，本要调去法国的师不会调去其他任何地方，我确信他们两人会同意我的这个主张的。

1944 年 10 月 16 日

后面的故事很快就要说到。虽然取得决定性胜利这个希望已难以实现，但是对于还在意大利的军队来说，第一要务依然是顶住压力，阻止敌人派去支援莱茵河一带处于困境之中的德军。因此，只要天气有所改善，第八集团军就会奋战前进。11 月 9 日攻下了弗利后，又很快扫清了通往佛罗伦萨的一切障碍。此后便没有发动大规模进攻的可能。只要一有机会，就会发起小规模进军，只不过到了来年春季，军队才迎来了应得的胜利，这本来是在当年秋天差一点就可以取得的。

第五章

FIVE

10 月在莫斯科

半张纸——斯大林出席英国大使馆的宴会——我传达给哈里·霍普金斯的消息——巴尔干的纠纷——苏联与罗马尼亚——大不列颠与希腊——莫斯科大剧院举行招待演出——苏联对日作战计划——寇松线——德国的未来——与苏联的接触比以往更为紧密

10月9日下午，我们飞抵莫斯科，受到莫洛托夫和许多苏联高层人员的热情迎接。这次我们住在莫斯科市内，十分舒适，还备受关照。我住在一幢精选且设备完善的小房子里，安东尼则住在附近的另一幢，这令我们感到满意。当晚十点钟，我们在克里姆林宫举行了第一次重要会议。会上只有斯大林、莫洛托夫、艾登和我，由伯尔斯少校和巴甫洛夫担任翻译。我们都同意邀请波兰总理、外交部部长罗默先生和格腊布斯基先生——一位胡子花白、魅力十足且颇有才干的老院士，立即前来莫斯科。为此我发电报给米科莱契克先生，表明我们希望他和他的朋友前来与苏联政府和我们，以及卢布林波兰委员会进行讨论。我明确指出，如果不来参加会谈等于是明确拒绝了我们的建议，那么我们就不再承担对波兰流亡政府的责任。

这个时候很适合谈事情，于是我说："让我们先解决巴尔干各国的事情吧。你们的军队现在部署在罗马尼亚和保加利亚。鉴于双方利益相关，而且我方各代表团和各代理机构也设在那里，我们最好不要因为一些小事搞得意见相左。目前就英国和苏联而言，我们在希腊有百分之九十的发言权，怎样才能使你们在罗马尼亚占有百分之九十的优势？又怎样能在南斯拉夫方面平分秋色呢？"趁着这一段还在翻译，我在半张纸上写下：

罗马尼亚

苏联……………………………………………… 90%

其他国家………………………………………… 10%

希腊

英国……………………………………………… 90%

（与美国共享）

苏联……………………………………………… 10%

南斯拉夫………………………………………… 50%

匈牙利…………………………………………… 50%

保加利亚

苏联……………………………………………… 75%

其他国家………………………………………… 25%

我把这半张纸传给斯大林，那时他正在专注听翻译。他停顿了片刻，然后拿起蓝色铅笔在纸上打了个钩以示同意，接着把纸传回给我们。这就搞定了，比拿笔写下来还快。

当然，我们经过深思熟虑才做出这一决定，也仅是为了处理眼前的战时安排。双方都打算把一些比较大的问题留到以后再说，我们当时希望等战争胜利了以后能有一个和平会谈。

在这之后现场一度沉默。那张被铅笔做了标记的纸就放在桌子中间。最后我开口："我们处理这些与千百万人生死攸关的问题时，态度看起来很草率，这会不会被人说是玩世不恭了？干脆我们把这张纸烧掉吧。"斯大林说："不，您留着吧。"

我也提到了德国的问题，会上同意由我们的两位外交部部长以及哈里曼先生对此进行深入研究。我告诉斯大林，在我们以后的谈论中，美国会把 1945 年太平洋作战计划向他作一个大概阐述。

*　　*　　*

于是我们给罗斯福发去一封联名电报，介绍第一次会谈的情况。

首相和斯大林元帅致罗斯福总统：

我们同意不在讨论中提到敦巴顿橡树园会议的问题，该问题可待我们三方会见时再作讨论。对于巴尔干各国，包括匈牙利和土耳其在内，我们考虑达成一个一致政策是最好的途径。我们让哈里曼先生以观察员的身份参加一切拟处理重大事务的会议，并安排迪恩将军出席一切与军事问题有关的会议。我们在高级军官和迪恩将军之间安排了军事方面的技术性交流，并对我们两人和两位外交部部长今后可能有必要同哈里曼先生一起商谈的会议做出了安排。对于我们取得的进展，我们会亲自把详细情况告知您。

借此机会，我们致以诚挚的祝福，对于美军的英勇善战以及艾森豪威尔将军在西线的作战指挥致以祝贺。

1944 年 10 月 10 日

现在我私下对总统做报告。

首相致罗斯福总统：

1. 我们在这里感到一种特别真挚的氛围，我们两人已经给您发了联合电报。您可以完全相信，我们处理事情时不会让您束手束脚。我认为，我们为艾夫里尔所做的安排会令他满意的，也不会妨碍必要的私人接触，而这是我们取得成效所必需的。关于这些情况，我都会如实向您汇报。

2. 我们尽量在巴尔干半岛的问题上达成一致，这非常必要。这样我们才能阻止一些国家内部爆发战争，不然到时候可能你我同情这边，而斯大林则向着另一边。至于这个问题，我会一直和您保持联系，除了英苏两国之间的初步协议外，不会再做出其他决定，一切还要等和您进一步讨论和协调才定下来。在这基础上，我相信您对我们设法和苏联人开诚布公的会谈不会有什么意见。

3. 我还没收到您对太平洋作战的说明，所以我还不知道哪些内容是可以向斯大林和他的军官们提及的。我希望能够清楚地知道，不然在谈话过程中，我可能说了一些您觉得不能说的东西。同时我会很谨慎。我们没有提到敦巴顿橡树园会议，除了说了一下您希望把这事放到一边之外。不过，斯大林在今天午餐时对会议和会上已取得的一致意见表示赞赏。斯大林还强烈谴责日本，说其是一个侵略国。从我们的谈话来看，我基本上确定他会在德国被打败后对日本宣战。但我确定艾夫里尔和迪恩不仅可以要求斯大林做某些事情，还可以告诉他（至少大概情况）有关您自己想做的和我们想协助您做的那一类事情。

1944 年 10 月 11 日

* * *

10 月 11 日晚，斯大林来到英国大使馆参加晚宴。这是英国大使首次成功地做出这样的安排。警察负责一切戒备。我的客人维辛斯基先生经过阶梯时，看见那些苏联秘密警察的武装士兵，于是说："很显然，苏军又取得了胜利，把英国大使馆都占领了。"我们在一种随意的气氛下进行了全面的讨论，一直到凌晨两三点。除了其他的话题我们还说到下一届的英国大选。斯大林说他很确定保守党会胜出。在政治舞台上，真是知己不易，知人更难。

* * *

我也把若干问题以电报形式发给了哈里·霍普金斯。

首相致哈里·霍普金斯先生：

1. 这里的一切都很顺利，但巴尔干各国却一片混乱，情况悲惨。保加利亚人对待我们态度很差，逮捕了一些我们还留在希腊和南斯拉夫的军官。我之前看到一篇文章，描写他们是如何残酷地对待那些被俘虏的美国军官。苏联的态度是，他们当然愿意控诉保加利亚的许多不当之处，但只是以一种慈父的口吻说——“这伤我比伤您深”。他们对匈牙利深表关切，却荒唐地说匈牙利是他的邻国。他们要求对罗马尼亚负有完全责任，而对他们在希腊的责任又漠不关心。艾登先生和莫洛托夫正在努力磋商解决这些问题。

2. 在我们的严肃要求之下，我们规劝米科莱契克和波兰人接受我们从苏联人那里争取过来的邀请。我们希望他们明天就能到。

3. 我们经常和艾夫里尔见面，明天晚上还按照德黑兰的方式为他准备一个宴会，也就是说，那里只有几个秘密人物。艾夫里尔会旁听军事问题和关于德国未来的讨论，当然他也会旁听波兰问题。目前对巴尔干各国，我们中间有太多争端，所以比起大型会议，我们更愿意把事情放在两方之间的会谈来讨论，这样可以更坦率地交换意见。我在这一两天会把相关的一切告诉总统。您能否把这情况转告他？我希望收到他的回复。

1944 年 10 月 12 日

总统给我们送来了令人鼓舞的信息。

罗斯福总统致首相及斯大林元帅：

感谢你们 10 月 10 日发来的联名电报。

得知你们双方对于国际政策问题取得一致意见，我感到无比欣慰，因为我们现在以及将来一定要通过共同努力来阻止世界战争，对这类问题我们都无比关切。

1944 年 10 月 12 日

* * *

首次会谈后，我对我们和苏联在整个东欧的关系进行了思考，为了能清晰表达我的主张，我草拟了一封信给斯大林，还附加了一份备忘录，说明我们对那个在桌面上接受的百分比的理解。最后我并没有送出这封信，我想着就随它吧，这样反而更好。我把这封信打印出来，仅是为了对我的想法有一个真实的记录而已。

我认为英苏两国必须在巴尔干半岛的问题上达成一个双方都认同的政策，并且美国也能接受这样的一个政策，这一点非常重要。从长远来看，英苏两国签订二十年盟约这个事实，对于我们开启广泛合作和轻松真诚地一起工作有特别重大的意义。我意识到，我们能在这里做的事情，不外乎是我们三方聚集在这胜利之地，为最后决定做好准备。无论如何，我还是希望我们之间能互相理解，在某些情况下能够达成协议，这样如有紧急事件可以帮得上忙，还能为世界的永久和平奠定一个坚实的基础。

我写下的百分比仅仅是一个办法，就是以此看出我们的想法有多大的差距，然后决定采取哪些必要办法让我们达成全面协议。正如我说过的，如果这些东西拿出去给各国外交部和外交家仔细审查，就会被判定为是草率的，甚至不合乎情理。所以，这些东西不能作为任何公开文件的基础，在目前更是如此。不过这些东西可以作为我们处理一些事情的指导方针。如果我们处理得好，那么我们可能阻止一些相关小国家发生的内战、流血事件和冲突。我们的总体原则就是让每个国家都有符合人民意愿的政府。我们绝对不会把君主政体或者共和体制强加给任何巴尔干国家。毕竟，我们已经和希腊国王以及南斯拉夫国王建立了一定的信任关系。他们向

我们寻求保护来避免遭受纳粹的迫害。我们觉得，等到再次恢复正常的稳定状态，敌人也将被赶走，这些国家的人民应该有机会去选择自由和公平。甚至可能在大选期间，就往那里派驻三大国的监督人员，确保当地人民有一个真正的自由选择。在这点上是有很多好的先例的。

然而，除了体制的问题外，在这些国家中还存在着极权主义式的政府与我们称为由普选制约的自由事业两者之间的意识形态问题。你们公开表态反对以武力或宣传来改变各巴尔干国家现有的制度，这令我们非常高兴。让他们在未来的岁月里把握自己的命运吧。我们唯一无法接受的就是任何形式的法西斯主义或纳粹主义。这些东西既不能给劳苦的百姓带来你们制度所提供的保障，也不能带来我们制度所提供的保障。反过来，这些东西将会导致国内暴政和对外侵略。原则上来看，我觉得英苏两国应该对这些国家的政府放心，我们不用担心，也不要去干涉他们，只要我们共同经历的这些可怕的大屠杀成为过去，社会恢复安宁以后，就没事了。

基于这一点，我试图大概说一下我们在这些国家所感受到的关切程度。我们这么做要得到对方的完全同意和美国的支持，美国在很长一段时间内可能会跑得很远，但又有可能会出其不意地以雷霆万钧之势回到这里。

您有着丰富的经验和过人的智慧，所以在我写信给您时，不需要和您进行过多的争辩。无论那些制度是好还是坏，没有一个国家愿意用流血的方式进行革命。但是无论在何种情况下，在人们的社会生活、习惯以及观点产生激烈变化之前，流血的方式肯定是不可避免的。这一点越是深入人心，一切事情就会进展得越顺利。另一方面，我们（我肯定美国也一样）的政府扎根于广袤的土地上，特权和阶级一直都接受检查和纠正。可能只要五十年的和平，这些会给世界带来严重麻烦的分歧就只能成为学院式的谈论了。

关于这一点，斯大林先生，我想让您明白，英国人有一个伟大的心愿，就是让我们两国友谊长存，合作不休，若是再加上美国，我们就能让世界的火车走上轨道。

莫斯科

1944 年 10 月 11 日

我给国内的同僚们发出下面的信件：

首相致伦敦的各位同僚：

1. 百分比的方法并不是要规定参加巴尔干各国的委员会的名额，而是英国和苏联政府在处理这些国家的问题时表示的关切和情感态度。这样，两国就能通过彼此都了解的方式开诚布公地谈论。这无非就是一个指向标，肯定不会给美国造成任何负担，也不会趁此试图建立一个利益范围的严格体系。当整体的局势呈现在眼前，反而有利于美国看清其两个主要盟国对于这些地区的想法。

2. 由此看来，苏联和黑海沿岸的一些国家存在着至关重要的利益，其中一个是罗马尼亚，苏联曾遭受过这个国家二十六个师的疯狂进攻，另一个国家是保加利亚，苏联与之有着悠久的历史渊源。

3. 同样地，大不列颠与希腊也有着传统友谊。作为一个地中海强国，大不列颠与希腊的未来有着直接的利害关系。在这次战争中，大不列颠在对抗德国和意大利入侵希腊时损失了四万人，现在我们也希望在引导希腊走出目前困境的过程中处于领导地位，以维持与美国的一致性。这个一致性到目前为止在这个区域还带有很明显的英国政策特征。在军事意义上，英国会带头尝试着去帮助现存的希腊政府，在雅典要尽可能地建立广泛团结的基础，这一点大家都明白。苏联也会承认英国这种地位和职责，就像英国承认苏联和罗马尼

亚之间的亲密关系一样。这样可以阻止希腊因国内敌对势力滋长而引发内战，也可以避免英苏政府之间陷入争论纠纷以及政策上的矛盾冲突。

4. 至于南斯拉夫的问题，五十比五十的比例是目前两个紧密介入的大国之间联合行动和一致政策的基础，这样做是为了汇集所有资源最大限度地驱逐纳粹侵略者。随后两国有条件地联合起来，创建一个统一的南斯拉夫。举个例子，这么做是为了防止克罗地亚、斯洛文尼亚以及强大且人口众多的塞尔维亚三国之间发生武装冲突，也便于制订一个对铁托元帅共同友好的政策，同时确保提供给他的武器是用来对抗共同的纳粹敌人而不是用来打内战的。如果英国和苏联共同遵守这个没有任何利己和私心的政策，那才是真正的有益。

5. 由于苏军正掌控着匈牙利，因而主要的影响就来自他们，但是这需要得到英国也许还有美国的同意。虽然我们没有在匈牙利作战，但我们也把它当作一个中欧国家而不是一个巴尔干国家来看待。

6. 必须强调的是，苏联和英国对上述国家明确态度的做法，仅仅是作为最近未来的战时临时性指南，所以将在停战之后或在和平会议桌上由三大国对欧洲问题进行全面清算时再作调整。

1944 年 10 月 12 日

* * *

10 月 13 日傍晚五点，我们在名为斯皮里多诺夫卡的苏联国家迎宾馆开会，听取米科莱契克和他的同僚们阐明立场。此次会谈是为了下一步英美代表会见卢布林波兰人做准备的。我力劝米科莱契克考虑两件事：一是事实上接受寇松线，包括人口交换；二是同卢布林波兰委员会进行友好会谈，以便波兰顺利统一。我说，肯定要改变，但如

果是在战争即将结束时得以统一，那就最好不过了。因此我要求波兰人当晚认真考虑这件事。艾登先生和我会听取他们的意见。对于他们来说，眼下最重要的是与波兰委员会交谈，接受作为工作安排的寇松线，以便提交和平大会讨论。

*　　*　　*

14 日，莫斯科大剧院举行招待演出，开场是芭蕾舞，接着是歌剧，最后是苏军歌舞团精彩的歌舞表演。斯大林和我坐在贵宾包厢里，全场的观众对我们致以热烈的掌声。看完表演后，我们在克里姆林宫里进行了一次最生动、最成功的军事讨论，斯大林由莫洛托夫和安东诺夫将军陪同，哈里曼随同迪恩将军，我由布鲁克、伊斯梅以及我们在莫斯科的军事使团团长伯罗斯将军等人陪同参加。

一开始，我们把西北欧、意大利以及缅甸的未来计划告诉他们。迪恩接着发表了关于太平洋战役的讲话，并大概地说到了一旦苏联对日作战，苏方可以提供什么具有特别价值的支援。随后，安东诺夫将军简洁明了地分析了东部战线，指出苏军面临的困难和他们对未来的打算。斯大林时不时插一下话，强调尤其重要的事项，最后做出总结。他向我们保证，苏军一定大力推进，直捣德国，并请我们对德国人可能从东线抽出任何部队不要有一丝顾虑。

苏联打算在德国被击败后，只要他们可以集齐远东必备的兵力和物资，就会马上对日作战，这一点毋庸置疑。斯大林不愿意说一个具体的日期。他只是说到在德国战败后的“几个月内”。我们当时直觉应该是三到四个月。苏联人同意马上开始储备粮食和储备燃料，并让美国人使用战略空军所需的沿海机场和其他设施。斯大林看起来一点都不担心这些准备会给日本人带来什么影响。事实上，他还想着来个“不成熟的攻击”，最大限度地激发苏联人战斗的热情。他说道：“苏联人必须要知道他们为什么而战。”

15 日，我因发高烧而无法参加当晚在克里姆林宫召开的第二次军

事会议，艾登代替我去，由布鲁克、伊斯梅和伯罗斯等人陪同；斯大林除莫洛托夫和安东诺夫陪同外，远东苏军参谋长舍甫琴科中将也一并出席。哈里曼又再次出席，同迪恩将军在一起。会上只讨论了苏联对日作战问题，终于达成了实质性的结论。

首先，斯大林同意我们应协调我们的各项作战计划。他要求美国帮忙在远东储备可供两三个月的燃料、食物和运输工具，说如果这些能准备妥当，那么一些政治性的问题就可以澄清，苏联能够在德国战败后三个月开始对日本作战。他还承诺在沿海一些地区为美国和苏联的战略空军准备机场，马上接受美国的四架引擎飞机及其教官。苏联和驻派莫斯科的美国军事人员会议可以立刻召开，他还承诺亲自参加第一次会议。

* * *

几天过去了，就只有苏波事务这个脓疮没什么进展。波兰人愿意接受寇松线“作为苏联与波兰的分界线”。苏联人则坚持认为是“作为苏联与波兰双方国境线的基础”，双方都毫不退让。米科莱契克声称他会被自己的人民所抛弃。斯大林在我和他单独进行的两个小时十五分钟的谈话结束时说道，只有他和莫洛托夫两人同意“温和”地对待米科莱契克。我相信在这样的背景下，可能存在着来自党和军队两方面的巨大压力。

在国境线问题上，斯大林觉得如果没有取得统一的意见，就不太好开始组建波兰统一政府。如果这件事解决了，他十分乐意让米科莱契克来领导新政府。我个人觉得在讨论波兰政府与卢布林波兰人合并的问题上，困难程度不比前面提到的低，卢布林的代表给我们留下极差的印象。毫无疑问，他们肯定也有统一波兰的野心，因此充当了吉斯林一类的角色。考虑到所有情况，最好的办法就是让这两个波兰代表团从哪里来就回到哪里去。我深深感到我和外交部部长肩上的重任，尝试着为解决苏波问题想一些办法。哪怕只是把寇松线强加于波兰都会引发责备。

在其他方面，事情取得了很大进展。苏联政府在希特勒垮台后对日作战的决心很明显了。这对于缩短整个战争周期有着至关重要的意义。对巴尔干各国所做的安排，我确定是最好的了，配上军事行动方面的成功，现在去拯救希腊是很有效果的。基于铁托的立场，和在苏联指挥下的部队和保加利亚部队到他东翼支援的情况来看，我相信，我们协定奉行对南斯拉夫五十比五十的政策是解决我们困难的最好办法。

毫无疑问，在小范围内，我们两国之间进行了从未有过的无拘无束、自由自在和诚心诚意的交谈。斯大林几次表达了个人的敬意，我感觉这的确是真诚的。但我更相信，他一个人说了不算。我回国就和我的同僚们说："骑马者的后面，总坐着个阴沉而忧虑的人。"①

* * *

首相致英国国王：

1. 祝贺陛下亲临荷兰慰劳军队路途顺利，视察成功。愿陛下经过此次跋涉以后，一切安好。

2. 莫斯科的天气晴朗但是很冷，这里的政治气氛倒是很融洽。这在过去是从未有过的。我和艾登先生在几次与斯大林元帅和莫洛托夫先生的交谈中，能以不伤害情面的坦率和真诚的态度处理一些最为微妙的问题。我们观看了一场特别的芭蕾演出，非常精彩。这场演出也得到观众们不间断的掌声。不一会儿，斯大林在这战争时期首次来到贵宾包厢里，站在我身边，那时现场的热情欢呼到达了巅峰。无论是在漫长的宴会席间或席后，人们借着洋溢的热情频频祝酒，就连我们谈起一些比较严肃的问题也是很轻松的。我们晚上都要

① 这句话出自罗马诗人霍勒斯的一首诗。

熬夜，甚至到凌晨三四点。我也坚持工作到很晚，每天中午开始处理大量的工作，还要参加各种各样的会议。

3. 在研究整个军事局面这一块，我们花了三小时。在布鲁克和首相解释了西方、意大利和缅甸的情况和计划后，美国的哈里曼先生和迪恩将军对太平洋战局的过去、现在和未来进行了全面介绍，斯大林对此表现出浓厚的兴趣。随后，苏联的副参谋长告诉我们许多苏联对德作战计划的情况。这些我们之前从没听过，但其中的主旨令我们很满意。保密起见，我在回国之前都没提起他所说的东西。今晚六点，我们期待苏联发表一个对远东战场的声明，这可能会令人满意，也可能会引起很多的关注。

4. 前天是波兰国庆节。正如陛下所知，我们这些伦敦来的人，看起来很得体但实际上软弱无力，但是卢布林来的代表，以我们对他们的印象，是无法对他们抱有什么幻想的。

5. 还有很多问题要讨论，比如未来如何处置德国的问题。

陛下之忠仆——卑职丘吉尔

1944 年 10 月 16 日

* * *

10 月 17 日晚，我们举行了最后一次会议。正好得知因德国在匈牙利的战线即将崩溃，保险起见，德国人把霍尔蒂海军上将逮捕了。我说希望尽快到达卢布尔雅那山峡，又说我认为战争不会在春季之前结束。接着我们就德国问题进行了第一次会谈，还对摩根索计划的优缺点进行了讨论。会议决定把这个问题交给欧洲咨询委员会进行详细研究。

*　　*　　*

在飞回国的途中，我把我们会谈的更多详细情况告诉了总统。

首相致罗斯福总统：

1. 我们在莫斯科的最后一天，米科莱契克见到了贝鲁特。贝鲁特坦白了自己的难处。上个月他的五十名部下被杀，许多波兰人宁愿逃到森林里去也不愿加入他的部队。当苏联军队乘坐各种运输工具前进的时候，冬季快要来临，战线后方也会困难重重。然而，他坚持说如果米科莱契克出任总理，他（贝鲁特）必须在内阁里占有百分之七十五的人选。米科莱契克提议五个波兰政党都要有各自的代表，在这些政党的五名优秀人选中，其中四名要由他选。

2. 之后，在我的请求下，斯大林会见了米科莱契克，进行了一个半小时的友好谈话。斯大林承诺帮助他，米科莱契克也承诺组建和领导一个对苏联人完全友好的政府。米科莱契克阐述了自己的计划，但斯大林明确地表示卢布林波兰人必须占大多数。

3. 克里姆林宫宴会之后，我们直截了当地和斯大林说，除非米科莱契克取得包括他本人在内的五十对五十的比例，否则西方世界无法确信这个和解的办法是有诚意的，也无法相信一个独立的波兰政府已建立起来。一开始斯大林表示他是同意五十比五十的，但很快他又自己纠正了过来，提出一个更糟糕的数字。与此同时，艾登和莫托洛夫站在了同一立场，后者貌似更心领神会。我认为如果所有事都解决了，政府的组建便不会是一个不可克服的障碍。米科莱契克事先已向我解释，可能会用一个声明来挽救卢布林政府的威信，而且在幕后对这些波兰人会另有安排。

4. 除了上述这些，米科莱契克打算力劝他的伦敦同僚们接受寇松线，包括把利沃夫让给苏联人。我希望两个星期后我们可以找到解决办法。如果成真，那我会把准确的文本发电报给您，您可以决定是否公之于众或者是暂缓一下。

5. 在主要战犯问题上，斯大林采取了让人意想不到的可敬方法，即没有经过审判不得处决，否则世界会说我们不敢审判他们。我指出了国际法的困难之处，但是他回答说如果没有审判，就不能判死刑，只能判无期徒刑。

6. 关于德国未来的划分问题，我们也进行了非正式的讨论。斯大林想要波兰、捷克和匈牙利组成一个反纳粹、亲苏联的独立区域，前两个国家可以合成一个。和他之前的观点相反，他希望看到维也纳成为南日耳曼联邦的首府，联邦包括奥地利、巴伐利亚、符腾堡和巴登。如您所知，把维也纳变为一个大多瑙河联邦的首府，我对这个想法一直很感兴趣，然而我更希望加上匈牙利，尽管在这一点上斯大林是强烈反对的。

7. 至于普鲁士问题，斯大林希望把鲁尔和萨尔分离出来，让他们失去战斗力，或者把他们放在国际管辖之下，在莱茵兰组建一个单独的国家。他同时希望把基尔运河国际化。我不反对这个主意，但是，您可以确定我们在三方会议前并没有做出确定的结论。

8. 我很高兴从斯大林那里得知您建议11月底在黑海的一个港口举行三方会议。我认为这是个很不错的主意，希望您能在适当的时候告诉我相关情况，你们双方希望在哪里开会我都愿意前来。

9. 斯大林正式提到了蒙特勒公约①，希望为了苏联的军

---

① 指1936年7月20日订立的《海峡制度公约》，由土耳其出面邀请有关国家在蒙特勒签订关于达达尼尔海峡、马尔马拉海和博斯普鲁斯统称“海峡”的通行和航运的规定条例，该公约对各国军舰通过海峡有一定限制。

舰自由通行做一些修改。原则上我们没有意见。但肯定要做修改，因为日本是一个签字国，而且伊诺努也于去年12月丧失了市场。我们把这个问题留下来，让苏联方面去制定详细的方案。他说他们会做到恰如其分。

10. 关于承认现法国行政机构为法国临时政府的问题，我会在回国后和内阁商讨。联合王国的意见是强烈要求立即承认，戴高乐也不再是唯我独尊，比以前更好驾驭了。我还是认为一旦艾森豪威尔宣布把一个很大的内政地区移交给法国，这种有限的承认方式就不可能再拖延了。毋庸置疑，有大多数法国国民给戴高乐做后盾，而且为了处理广大地区所潜在的无政府状态，法国政府还需要得到支持。总之，我会从伦敦再次电告您。此刻我正在给人幸福回忆的阿拉曼上空，谨致衷心问候。

1944年10月22日

总统回复道：

罗斯福总统致首相：

得知您在莫斯科采取折中办法处理关于波兰的问题，并取得进展，我很高兴。

一旦解决问题的时间和条件成熟了，对于是否将这个观点推迟大概两个星期再发表是否合适，还务必请您给我意见。您是明白的。

目前这里的一切都进行顺利。

您说的目前斯大林在对待战犯、德国的未来和蒙特勒公约等问题非常感兴趣一事，我们会一起讨论，还有关于我们在太平洋做出的战争努力，都会在即将到来的三方会谈上拿出来探讨。

1944年10月22日

* * *

经过这非常有意思的两周，我们和我们的苏联盟友之间的关系比以往，或者说从今以后更加亲密了。我写给斯大林：

首相致斯大林元帅：

艾登先生和我现在已经离开苏联，我们从和您，以及您的同僚们的多次讨论中获得鼓舞和勇气。这次莫斯科的会议令人难忘，这表明只要我们坦诚相见，亲密会谈，我们之间就没有什么是不能调整的。苏联的好客天下闻名，尤其在我们到访之际，招待得尤为周到。我们很享受在莫斯科和克里米亚的时光，你们无微不至的关照让我和我的随行人员倍感舒适。我对您，还有那些负责这次安排的人员表示衷心的感谢。希望我们很快就能再见面。

1944 年 10 月 20 日

第六章

SIX

巴　黎

戴高乐将军的民族委员会——民族解放委员会改为法国临时政府——法国军队和德国的占领——和戴高乐互致贺电——关于成立西方集团的谣言——孚日山脉之行——西方的冬季战役——戴高乐将军访问莫斯科——与总统通信——关于签订英法条约问题

随着我们的军队向东边和南边前进，在法国成立一个统一的和有广泛代表性的政府机构就显得更加迫切。我们实在是不想将国外的一个现成委员会强加给法国。当解放事业慢慢推进时，我们首先要考虑法国民众的感受。我对这个问题思考了很久，早在7月10日我就已经给艾登先生写了一份备忘录：

首相致外交大臣：

在罗斯福总统和戴高乐秘密会谈期间，谈判结局尚未明确，如果我们贸然做出决定（建议美国和苏联加入我们，一起承认法国民族解放委员会为法国临时政府），是非常不明智的。很显然，美国想怎么走，我们也需跟上步伐，在他们宣布结果后，我们要敦促他们更进一步。罗斯福总统会不会来个一百八十度大转变，然后和戴高乐达成一致，如果真是这样，我们就有一个很具说服力的案例呈递给议会，证明过早的辩论会将所有这些友好的会谈给毁了，这将是多么愚蠢的行为啊。

1944年7月10日

五个星期过后，诺曼底的战役成功打响，巴顿将军已抵达巴黎的城门口，但我还是不愿意采取任何果断措施，因此又写了一份备忘录：

首相致外交大臣：

我不赞成做出任何关于法国的决定，直到我们可以从战火硝烟中看清结果。如果我们的作战行动能大获全胜，那么解放包括巴黎在内的法国西部和南部就易如反掌。届时会有一个真正的临时政府将在这片广阔的地区建立起来，而此前法国民族解放委员会企图单独组成政府，他们志在成为法国权力代表的意图路人皆知。

因此，眼下按照已达成的协议完成对法国民族委员会的承诺即可。如若超出这个范围的任何承诺，我将强烈反对。民众根本不知道会发生什么，我们也要放开手脚。我认为在我们做出承诺之前，需打好广泛的基础。

1944 年 8 月 18 日

接下来的几周里，我们留意到了法国游击队的集会，还有对于戴高乐将军民族委员会的社会舆论。到目前为止，民族委员会受到社会大环境的影响，无法代表整个法国，但是到了 9 月底，事情有了进展。28 日，我向下议院发表了我对于战争的评论：

自然，那个团体中的一批新人物已崭露头角，尤其是那些组织游击队和抵抗运动的人，和那些在巴黎发起了光荣武装起义的人，这让我们想起了法国大革命这个著名的时期，法国和巴黎奋起出击，给世界各国开拓了一条康庄大道。当然，我相信，美国、苏联和我们一样，最希望看到成立一个能够代表法国人民——代表法国全体人民发声的一个团体。现在，似乎可能要执行阿尔及尔委员会法令了。凭借这个法令，可作为中间的过渡阶段，把咨询议会转化为选举出来的团体，从法国内部汲取新力量，进而增强其本身。由法国民族解放委员会对这个团体负责。只要走出这一步，当他们得到法国民众的支持，就会大大巩固法国的地位，法国临时政府就能得到认可，那么我们所有希望实现的结果都能尽早地达成。现在情况仍处于变动和发展之中，我不会对任何一件事情下定论。

对我而言，游击队愿意接受法国民族解放委员会，将是决定性的一步，还有利于该委员会得到更正式的承认。由此，我致电罗斯福总统：

首相致罗斯福总统：

1. 我一直在想关于承认法国临时政府这个问题，我觉得眼下我们可以参照您的政策和我在下议院的最新声明来做出决定了。

2. 您在电报里说您认为我们应该要等到法国扫清敌人后再行动，您的意思就是说无论如何戴高乐必须先表诚意，把法国一部分地区作为内政地区，从艾森豪威尔那里接过这部分地区的全部行政业务。对我来说，我在议会那儿提出，咨询议会的改组是要在一个更具广泛代表性的基础上进行，然后才轮到承认临时政府这件事。

3. 据我了解，此前法国人提出将国内一大部分地区组合成一个行政区域。艾森豪威尔急于要满足他们这一要求。最高司令部和法国人之间的谈判正逐步取得良好进展，现在看来法国百分之七十五的国土都有望很快成为内政区域。

4. 咨询议会的扩大工作同样进展良好。据达夫·库珀报告说，因为法国的交通存在着各种实际的困难。原本的阿尔及尔计划打算在解放区域实行代表选举制，以此增加议会人数，但法国人发现行不通。他们提出了一个替代的办法，就

是从抵抗运动和议会团体中选举一些代表。我明白他们希望可以尽早解决问题，颁布一个新法令以明确改组之后咨询议会的职权，赋予它超过执行机关的权力。据说这个月底可以召开扩大会议。

5. 毫无疑问，法国人一直和最高司令部进行合作，大多数法国民众都是支持临时政府的。所以我的看法是，我们如今可以放心地承认戴高乐将军的政府为法国临时政府了。

6. 我们的步骤是，告诉法国人，一旦扩大会议召开，并且戴高乐政府获得信任，我们就马上承认法国临时政府。

7. 若上一步行不通，则另一个步骤是：一旦内政区域正式成立，我们就承认法国临时政府。我更加倾向于这个办法，因为这标志着法国当局和盟军之间在反对德国的共同事业中的通力合作。用这个办法，就是把它与承认法国政府一事联系了起来。

8. 请告诉我您的想法。如果您同意采用我们上面提到的其中一个办法，那么英国外交部和贵国国务院可以立刻就我们承认法国临时政府的具体条件交换意见。我们不一定要字字句句都一样，但重点是，主旨方针必须一致。当然，我们也要把我们的想法告诉苏联政府。

9. 当然，我们承认法国临时政府，不会影响我们对法国在欧洲咨询委员会或类似机构会员国中问题的看法，这是两码事。

1944 年 10 月 14 日

罗斯福总统回电：

罗斯福总统致首相：

我认为，要等到法国真正建立了内政地区，我们再承认他们的临时政府，在此之前不要轻举妄动。这个咨询议会之前已经扩大过，具有一定代表性，但该议会的扩大问题还是很重要的。我个人更倾向于把这两件事情落到实处之后，再去处理是否承认的问题。关于他们的计划，光凭戴高乐一面之词，我是不会信以为真的。

即便是我们承认了临时政府，这也并不意味着法国就能在欧洲咨询委员会占据一席之地，等等。在这一点上我和您的看法一致。这些事情要根据以后的实际情况再做打算。

关于当前这件事情的处理讨论，我希望仅在我们之间进行。在这个时候，我希望美国国务院和贵国外交部之间最好不要谈论这个事情的处理方法。

我迫切希望您能尽快恢复健康，一切安好。

1944 年 10 月 20 日

* * *

我们之间的讨论就按照这个方法进行。抗德组织和旧议会团体成员的加入使法国咨询议会得以增强和扩大。早在 8 月前，我们已经和法国临时政府缔结了一项民政协定，把法国分成两部分：一部分是前方地区，归盟军最高司令部管理；另一部分是内政地区，由法国当局管辖。10 月 20 日宣布：经盟军最高司令部同意，一个包含巴黎在内的拥有大部分法国领土的内政地区已经建立起来。由此，民族解放委员会终于转变为法国临时政府了。

为了与我们盟国的行动互相呼应，我当时正准备建议正式承认这个团体为法国解放区政府。美国国务院也是经过了最后一刻的踌躇，才宣布正式承认法国临时政府的公告。此时我正访问莫斯科，正与苏联人讨论承认临时政府的最后步骤。

首相（莫斯科）致罗斯福总统：

对于贵国国务院一百八十度的态度转变，我真是十分惊

讶。等我到了这里我才知道，明天就要公布了。我们当然得保持行动一致。我觉得苏联人很有可能很恼火。莫洛托夫在谈话中说过，他预计他们会被当成阻碍这件事的人物，实际上他们（苏联人）是因为尊重英美的意愿，否则早就承认法国临时政府了。所以我希望把他们也算上，和我们一起宣布。

1944 年 10 月 23 日

* * *

10 月 27 日，我在下议院发表讲话说：

这几周的所见所闻令我感到十分满意。在戴高乐将军带领下的法国临时政府不仅赢得了法国大多数民众的全力支持，而且是唯一一个可以忍辱负重的政府，也是唯一一个能在完成立宪程序和议会程序——这一段必须经历的中间过渡期——之前使法国凝聚力量的政府，还宣布了此目的是恢复议会的职权，如此一来，他们的职能才能恢复正常。

我们的工作始于 1940 年那段遥远的黑暗岁月，如今这些工作就这样完成了。

* * *

大家都认为休战纪念日是我首访巴黎的最佳日期，此次行程也已公布。有些消息称某些通敌分子意欲加害我，因此采取了严密的防范措施。11 月 10 日下午，我飞抵奥利机场，戴高乐安排仪仗队迎接我，我们一同乘车经法国市郊抵达市区，最后到达法国外交部。我和妻子以及女儿玛丽都受到了隆重款待。这座建筑曾被德国人占据了很久，人们一直告诉我，我睡的床就是之前戈林睡过的，用的浴室也是他用

过的。现在这里修建得富丽堂皇。很难想象在这个宫殿里，如前文中提到的，在 1940 年 5 月我和雷诺政府以及甘末林将军在这里的最后会见，只不过是场噩梦。11 月 11 日上午十一点，戴高乐带我坐上一辆敞篷汽车，英武的共和国警卫队全副武装，身披铠甲，护送我们经过塞纳河、协和广场。在耀眼的阳光之下，几百人浩浩荡荡，显得十分壮观。巴黎市民挤满了整条香榭丽舍大街，军队整齐有序地排列在大街上。每一扇窗户上都悬挂着国旗，挤满了围观者。我们从狂热欢呼的人群中穿过，来到凯旋门，向无名战士陵墓献了花圈。在仪式结束后，我和这位将军一起在我非常熟悉的这条公路上步行了半英里，一群法国政要紧随其后。接着我们登上一座高台，检阅壮观的法国和英国的军队分列行进。我们的警卫团分遣队真是英气逼人。在这激动人心的场合里，我想到了克雷孟梭。于是等检阅完毕，我向克雷孟梭塑像献了花圈。

戴高乐在陆军部以隆重的午宴款待我，对于我在战争中的贡献发表了溢美之词。但是仍有很多问题尚未解决。

12 日晚，大使馆晚宴结束后，我和戴高乐去拜访贝桑松。这位将军很想让我看看由拉特尔·德·塔西尼将军率领指挥的法军反击战，该战役即将发动且规模巨大。我们在这次行程中乘坐的豪华专用火车和行程安排都是精心准备的。我们到达那里的时候，离作战开始日期还有充足的时间。本来我们打算去山中的一个观察点，但由于天气寒冷，道路被积雪堵塞而无法通行，整个行程只能暂且搁置。我和戴高乐坐了一整天的车，旅途漫长，行路多艰，但我们谈了很多，中间还视察了军队。夜色已深，但这次行程还未结束。法国的士兵们看起来个个精神抖擞，他们整齐地列队前进，热情澎湃地唱着著名歌曲。我的私人随行人员——我女儿玛丽和海军副官汤米，怕我再得肺炎。因为我们在这样恶劣的天气里至少有十个小时了，但幸好没什么意外。我们在列车上共进晚餐，气氛愉快，交谈甚欢。我看到其他六个高级将领军服上的星很多，戴高乐军服上就只有一枚星，但是他们对戴高乐的那种敬畏甚至是畏惧让我很震惊。

夜晚时分，我们的火车分开走了。戴高乐返回巴黎，我们一行人则前往兰斯，第二天早上抵达，我去了艾克的司令部。下午，我又飞回到诺索尔特机场。

* * *

我回到伦敦，就给总统写了一份报告，并抄送给斯大林。

首相致罗斯福总统：

……感谢您对我这次巴黎访问戴高乐之行的美好祝愿。我在香榭丽舍大街受到了五十万名法国民众的热烈欢迎，还在市政厅受到部分在野党的隆重欢迎。我和戴高乐重建了良好的私人关系。

我看到法国的报纸和一些其他的方面都表示，我们已在巴黎谈妥各种事项。您大可放心，我们讨论一些重要事情仅仅是根据一切须经三国进一步研究的原则来进行的，特别是对您来说，贵国在法国的军队最多，所以更应该遵循这个原则。11 日那天午餐过后，我、艾登和戴高乐还有随行的两三人开了两个小时的会。戴高乐详细地向我咨询，我感觉他对已经做出决策的或者正在发生的事情知之甚少。当然，他急切地想得到八个师的现代化装备，这只有贵国才有条件提供。因此，盟军最高司令部主张，这八个师不是为了派上战场打败德军，而是一定要保障对实际作战能力的支援，这样冬季和春季的战役才能取得胜利。我支持该看法。

与此同时，法国人希望可以多接管一些战线，希望能在战争中或者余下的战争中贡献出他们最大的力量，因为接下来可能还要持续作战。他们希望不要以所谓的征服者身份进入德国，而实际上却没有参加战斗。我对此深表理解。我认为这是情感方面的问题，但不管怎样也要考虑在内。对于法

国而言，重要的是要有一支军队，随时为它必须实际负担起来的任务做准备。也就是说：第一，他们有责任在我们盟军前线的后方维持一个和平又有秩序的国家；第二，为以后协助管辖德国的部分地区做准备。

关于这第二点，在占领德国这件事上法国人强烈要求也要有他们一份，不是简单地以英国或美国司令部属下的一个参加者身份，而要以法国司令部的身份参与。我对此深表同情。我很清楚，美国军队要不了多少年就会回国，英国在维持海外庞大的军队时也将困难重重，这与我们自己的生活方式截然不同，也与我们持有的资源不成比例。所以我催促他们去研究建立一支适合这个作战目标的军队，这种类型的军队在形式上与师编制的军队截然不同，以师为单位的军队是专为击溃久经沙场的现代化敌军而组建的。我的看法给他们留下了深刻的印象，但他们还是坚持己见。

我看到路透社的一则消息，这无疑是从巴黎非官方机构发出的，说是我同意给法国划分一些区域，包括鲁尔、莱茵兰等地，给他们的军队停驻。事实根本不是这样。很明显，除非之前就与您商量好，否则无法做出关于这类问题的决断。我和戴高乐所说的全部内容就是，把德国划分为三部分，大致上是苏联在东部，英国在北部，美国在南部。我之后在代表英王陛下政府发言时还说，我们分得越少就越高兴，当然我们支持法国接管一部分他们力所能及的地方，但这得在盟军谈判桌上才能决定。当然，我可以就路透社发表的不准确报道做出否认声明，但您可能觉得事情已经那么明白，就没这个必要了。我正打算把同样的内容电告斯大林。我们不打算对任何事情做出最后决策，或者是签订任何具体协议。

但是，现在很明显有几个问题比最高司令部的问题更加亟待解决，如果这些问题没有得到解决，就无明确的方针可遵循。这就是为什么斯大林不来，我们就要召开三方会谈的

原因；如果他来了，就召开四方会谈。在第二种情况下，法国可以就某些话题参加四方会谈，其他一些话题则不能参加。我们都必须意识到，在五年内，一定要让法国军队承担起控制德国的主要任务。叙利亚是艾登和皮杜尔讨论的核心问题，但这问题既麻烦又花时间，商谈以后依旧没有结果，而我们同样为此伤透脑筋。

为防止报纸上出现一些有导向性的报道，我认为应该把上述这些情况立即告诉您。

我很看好皮杜尔，他就像年轻时候的雷诺，谈笑间尤为相似。他给我们所有人都留下很好的印象，毫无疑问，他掌握着一部分强大的权力。吉罗也春风得意地出现在宴会上。自从卡萨布兰卡以来，他的命运发生了很大变化。整体上看来，我觉得如今的政府是个有组织、有广泛基础、力量迅速增长的政府。我很确定，在这个困难的关键时刻，如果我们做了在法国人看来是削弱他们力量的事，那是非常不明智的。我还是能感觉到这个政府非常稳定，我们应该对他们（法国人）更有信心。您可别觉得我是在帮法国人说话，请告诉我您的看法。会议的具体情况，我之后再给您电报……

1944 年 11 月 15 日

我同样和戴高乐将军互传了热情的电报。

首相致戴高乐将军：

既然我已经回国，那么请允许我对阁下和法国政府的同僚表示衷心的感谢，在法国的这些难忘的日子里，你们给予我和我的朋友隆重的款待和最高规格的礼遇，令我无法忘怀。我永远忘不了巴黎人民对他们的英国贵宾首次访问解放后的贵国首都时的盛大欢迎，这是我这一生中最自豪而感动的场面之一。有机会见识法国军队高涨的士气和威严的军容风貌，

我深感荣幸。在拉特尔·德·塔西尼将军的精明领导下，这些军队正完成解放自己国土的事业。对我们来说，这种欢迎的确是我们两国之间友谊继续发展的愉快象征，对欧洲未来的和平和安全来说十分重要。

1944年11月16日

戴高乐将军致首相：

您的来电我已收到，我谨代表政府对您表示感谢。法兰西和它的首都及其武装部队向您致以崇高敬意。您不但是一位受子民敬爱的伟大首相，您还是一位在那些黯淡艰苦的岁月里坚持联合作战，并最终赢得胜利的光荣战士。请允许我对您说：能够再次见到您，我真的很高兴。

1944年11月20日

首相致戴高乐将军（巴黎）：

您如果觉得没问题，请把我下面的信息转给塔西尼将军：

对于您那年轻的军队打下的辉煌战绩，我在此送上我的热烈祝贺。一个二十岁的法国人手里拿起精良武器，拯救法兰西并为之复仇，真是令人热血澎湃。

1944年11月25日

* * *

11月20日，斯大林就我11月15日给他发的电报给予了友好回复。

斯大林元帅致首相：

谢谢分享您与戴高乐的谈话内容。我对您的来电很感兴趣，一直在研读。您建议说召开我们三方和法国的会议，只要罗斯福总统同意我就没意见，但首先要确定我们三方开会的时间和地点。

戴高乐将军最近透露希望来莫斯科与苏联政府的领导人们建立联系。我们已做出同意的回复。法国人可能在这个月底来到莫斯科。他们目前还没有确定讨论的具体事项。无论如何，在我们和戴高乐将军会谈过后，我就会把情况告诉您。

1944 年 11 月 20 日

这样，关于欧洲未来组织的整个问题就显露出来了。媒体和各方盛传，战后将成立一个西方集团。虽然这会让我们承担繁重的军事义务，但这样的一个计划似乎在外交圈很受欢迎。我觉得应该很快就会有人向内阁咨询这个问题，尤其是法苏会谈的日子正渐渐逼近。

和艾登先生磋商过后，我给斯大林发出了下面的复电：

首相致斯大林元帅：

1. 我已收到您于 11 月 20 日发来的电报。戴高乐即将与您会面，我很高兴，希望你们可以一起详尽地谈论各种事宜。报纸上出现了一些关于西方集团的言论，我并未加以考虑。首先我相信我们的同盟条约以及和美国的密切合作是组成世界性组织的主要支柱，保证这受苦受难的世界可以实现和平。只有当这样的一个世界机构建立以后，才能开始建立欧洲各国之间的友好伙伴关系。我们在这些问题上对您是绝对的坦诚。同样地，我们也相信您会把您的想法和要求告诉我们。

2. 西边的战争形势很严峻，道路上的泥泞也令人感到害怕。现在战场上主要的冲突在埃克斯—夏佩勒—科隆这一轴线上展开。虽然艾森豪威尔还可以投入雄厚的后备力量，但局势对我们不利。在西北边，蒙哥马利部下各军正往北前进，把德国人逼退到荷兰的马斯河战线上。马斯河让我们在这条战线上节省了兵力。东边的话，虽然我们进展有些缓慢，但也逐步取得进展，持续和敌人作战。攻下梅斯，把敌人赶回莱茵河，是美国人取得的巨大胜利，人人都为之欢呼。在南边，法国人取得伟大胜利，尤其是在一条广阔的战线上直驱莱茵河，攻下斯特拉斯堡。这些年轻的法国士兵们，年龄都在十八岁到二十一岁之间，他们证明了，肩负起洗净自己国土受过的屈辱这一项光荣使命，他们当之无愧。我很看好拉特尔·德·塔西尼将军。为了从一个有利的角度观看这场战役的开局，戴高乐和我曾到过那里，可惜的是，那晚下了一尺厚的雪，所有工作只得推迟到三天后。

3. 德军是否会在莱茵河西边受到致命打击，大概一个星期或者十天后就能知道结果了。若是有可能，哪怕天气不好，我们也可以继续行动；若是没可能，那么冬天严寒的天气则会导致行动暂缓，必须等到冬天过后，到时候要击败西边有组织性的德军抵抗则需要再次大举进攻了。

4. 您认为这会是个难熬的冬天吗？还是您觉得这和您的战略是相符的？我们都很欣赏您上次发表的演说。如果有任何麻烦，请务必私下告诉我，这样我们才可以扫清障碍，紧紧包围着纳粹帝国，使之无法动弹。

1944 年 11 月 25 日

这时候，戴高乐将军到达了莫斯科，与苏联人的会谈也已开始。斯大林马上就把会谈的基本要点告诉了我。

斯大林元帅致首相：

戴高乐和他的法国朋友们到了苏联后，种种迹象表明，他们会提出下面两个问题：

1. 缔结类似于英苏条约的《苏法互助条约》。

我们基本上不会反对，但我想知道您对这个问题的看法，请提出您的意见。

2. 戴高乐也许会提出对法国东部边界做出修改，把法国

边界扩大到莱茵河左岸。众所周知，法国将成立国际共管的莱茵兰—威斯特伐利亚省。也许让法国参与这个管理也是经过深思熟虑的。如此一来，法国想将边界线改到莱茵河的提议与建立国际共管的莱茵省计划就有了冲突。

请您谈谈对这个问题的看法。

我还将这份电报发给了罗斯福总统。

1944 年 12 月 2 日

第二天，斯大林又发来一份电报：

斯大林元帅致首相：

此次与戴高乐的会谈为双方在苏法关系这一问题上的交流谈论提供了机会。如我之前预料的一样，在会谈中戴高乐坚持两个主要方面：将法国边界扩展到莱茵河，以及缔结苏英条约式的《苏法互助条约》。

对于法国在莱茵河的边界问题，我发表了我的意见，即我们主要盟国的军队正在法国国土上为自由解放与敌人奋战，未经盟国的了解和同意下，不可能解决这个问题。我强调了解决这个问题的复杂性。

至于《苏法互助条约》的提议，我指出应从多方面研究这个问题的必要性，和对这个条约的法律方面进行说明的必要性，尤其是在法国目前的条件下，谁来批准这个条约。

因此，法国人还需要做出一系列的解释，但我们现在还没有接到相关信息。

这是我为您提供的信息。如果您能回复我，并且对这些问题发表您的意见，我将感激不尽。

我已给总统发去了相同的信息。

祝好！

1944 年 12 月 3 日

12月4日，内阁开会研究成立西方集团的可能性，以及研究戴高乐在莫斯科的会晤。我把我最近与斯大林来往的电报读给同僚们听。12月5日清晨，我把我们商议的结果写在了给斯大林的电报里。

首相致斯大林元帅：

1. 您发来的电报里提到关于戴高乐访问以及他提出的两个问题，我已收到。我们不反对缔结类似英苏条约的《苏法互助条约》。相反，英王陛下政府认为苏法条约是合理的，这对我们来说关系又更近一层。确实，我们希望，如果我们三方之间缔结一个既能遵循现有英苏条约又有所改进的条约，那就最好不过了。如此一来，我们各方的义务是相同的，也是紧密相关的。请告诉我您对这个想法是否感兴趣。我希望如此。我们双方都应各自将此事告知美国。

2. 是否将法国边界扩大至莱茵河左岸，或是建立一个国际管制的莱茵兰—威斯特伐利亚省或者采用其他办法，这一事项应该等到和平会议时再决断。但是，当召开三国会议时，我们就这一切做出的结论是最为接近的。正如您所见，总统不希望戴高乐前来参加三方会议。我希望等讨论到特别影响法国的决议时，情况会改变，然后法国就可以参与进来了。

3. 同时，把这个话题交给位于伦敦的欧洲咨询委员会去探讨。法国也是其成员国之一，就不用让政府首脑去谈论了，这样不是很好吗？

4. 我一直与总统保持联系，并随时告知其消息。

1944年12月5日

罗斯福总统也一直和我保持密切联系。

罗斯福总统致首相：

今天，我把下面的消息发给斯大林：

谢谢您在12月2日和12月3日两份电报中的指示。

至于按照《英苏互助条约》的精神缔结法苏条约的建议，如果您和戴高乐都认为这样一个条约总体上对你们的国家和整个欧洲的安全有利的话，本政府原则上不持反对意见。

对于您给戴高乐将军关于战后法国边界问题的回答，我完全赞同。在我看来，现在我们试图解决这个问题，对于我们的共同作战来说没有利益可言，应该等到德国崩溃之后再来解决。

1944年12月6日

这之后的一份电报内容如下：

罗斯福总统致首相：

对于斯大林与戴高乐的会晤，您可以从我给斯大林的回复中看出，在这两个问题上我们的看法是完全相同的。

我仍然坚持我的看法，那就是如果尝试让戴高乐参与三方会谈，只会令情况更加复杂，引起不满。

您向斯大林建议，让欧洲咨询委员会来讨论战后法国边界问题，我觉得委员会一直忙于解决德国投降的相关事宜，在这个阶段向委员会提出战后边界问题是错误的。我认为还是把这个特殊的问题留到以后再作探讨吧。

您看到了缔结英法苏三国条约的好处，我也充分理解。但是，我怀疑这样的安排是否会对国际安全组织问题起到促进作用，您知道我高度重视这样的组织。此外，我还担心这个三国同盟条约会被公众解读为未来世界组织的对手。反之，类似英苏条约的法苏双边协定却更能被人接受。无论如何，我意识到这个问题涉及三个国家，与他们息息相关。

1944年12月6日

第二天，斯大林发来电报：

斯大林元帅致首相：

您关于法苏条约和法国莱茵河的边界问题的回复，我已经收到。感谢您的意见。

接到您的回电时，我们已经开始和法国人商谈条约之事了。比起英苏条约，您更倾向于英法苏三国同盟条约，这样能更加完善，我和我的同僚们都同意您的建议。我们也已经向戴高乐提出缔结三国同盟条约的要求，但还没得到他的回复。

我希望能尽快答复您的其他来电，它们已经被耽搁一阵子了。

1944 年 12 月 7 日

但现在情况略有变化。由于国内的某些原因，法国人决定离开莫斯科，同时要带走一个 12 月 10 日签订的仅限于法苏之间的条约。斯大林当天发来电报：

斯大林元帅致首相：

我已经将您希望签订英法苏条约的想法告诉戴高乐，也已说明我支持您的意见。但是，戴高乐坚持要签订法苏条约，说因为三国同盟条约需要准备，要到下一个阶段才能签订。与此同时，我又接到了总统的电报，说他对于签订法苏条约没有意见。因此，我们就签订这一条约达成一致，并于今天签字。在戴高乐回到巴黎以后，条约就会公布。

我认为戴高乐将军此行有着积极的结果，不但有助于加强法苏之间的联系，而且也为同盟国之间的共同事业做出了贡献。

1944 年 12 月 10 日

如果法国人愿意，我们现在就可以跟他们签订相关条约。我以一种打趣的口吻告知斯大林这一消息。

首相致斯大林元帅：

1. 昨晚我第二次观看您赠予我的电影《库图佐夫》。记得第一次看时，我赞叹连连，但由于全是俄语，我没办法看懂每一个场景的具体意思。昨晚我看的是英语字幕的版本，这下可全都懂了。我必须告诉您，这是我看过的最为精彩的电影之一。我从未看过一部电影能把两种意志力之间的矛盾刻画得如此清晰，如此有力地传达出指挥官和士兵忠心为国的意义。苏联士兵和苏联民族的形象从未像现在这样通过大银幕展现在英国人民的眼前，熠熠生辉。我从未见过有人能将摄像机的艺术运用得如此精妙。

2. 如果您觉得合适，请私下向幕后的那些工作人员表达深深的敬意和赞赏，真是感谢您了。同时我也要祝贺您。

3. 我喜欢回忆在那场殊死搏斗里我们共同作战的经历，就像现在这场持续的战争中一样。我想您不会介绍这部电影给戴高乐看，就如同戴高乐来和您签订您此前与他以及与我们共同订立的条约时，我也不会给他看《汉密尔顿夫人》一样。

敬礼。

1944 年 12 月 19 日

12 月 25 日，斯大林回复说他“当然欢迎缔结英法条约”。我感觉此事不急，要等待法国人采取行动。12 月 31 日我给了艾登先生一份备忘录：

首相致外交大臣：

您应该想看看各项英法双边条约在成形之前的整个讨论

过程。您和我说，如果戴高乐提出要等我们解决了叙利亚所有的问题之后才能签订英法条约，那就让他等吧。这个建议如果是他本人提出来的，就无可厚非。

另一方面，从安全角度来看，我们并没有遭受什么损失，因为法国实际上没有军队，而其他相关的国家要么被打败了，要么还处于被奴役状态。我们一定要谨慎，不要让自己陷于无法承担的义务之中，也不要与其他国家签订不公平的条约。我无法预见我们战后的财政状况，但有一点很确定，我们无法维持充足的兵力，去保护那些无助的国家，即使他们有意要重建军队。总之，首先要做的是建立一个世界性组织，一切就指望它了。

1944 年 12 月 31 日

第七章

SEVEN

阿登的反扑

美国的追悼——进军莱茵河——巴顿大军在齐格菲防线受阻——在西线遭遇战略逆转——在阿登遭遇危机——德军突破重围——布雷德利将军所指挥的战线被切断，蒙哥马利陆军元帅受命指挥北线——马尔什鏖战——为争夺巴斯托尼展开战斗——英勇的美国人——斯特拉斯堡面临威胁——蒙哥马利赞誉美国士兵

11 月，陆军元帅约翰·迪尔爵士逝世。他是我方派驻华盛顿的三军代表团团长，他的离开是同盟国事业上的一大损失。自南非战争以来，约翰·迪尔的戎马生涯已足足四十年。1940 年 5 月，他被委任帝国参谋长这一重要职务。任职期间，他处事分寸拿捏得当，秉承坚定不移的性格，在危难时刻，他是我们强有力的后盾。继珍珠港事件后，他被转调至华盛顿，向美国参谋长联席会议阐述我们的看法。没过多久，那里的人便十分青睐于他，马歇尔将军也与之私交甚笃，这对于解决同盟国之间不可避免的摩擦弥足珍贵。此时，他的事业正处于高峰期。他倘若未曾那么恪尽职守，远可以活过六十三岁。即便重病缠身，他都未曾屈服。他被安葬在美国伟人的安息之所——阿林顿国家公墓，这是对他及其毕生的事业最后的表彰。美国军队还建了一尊骑姿铜像来纪念他。

总统给我发了封电报，上面写着："同贵国一样，美国深切哀悼贵国这位出色的战士。在我国，钦佩他的民众数不胜数。"我向他致以谢意，并对马歇尔将军说："读完美国参谋长联席会议就约翰·迪尔逝世而发给英国同事们的讣告，我百感交集。对于你们的诚挚挂念，我致以真诚的谢意。他在生前为了做好工作而殚精竭虑，的确出色地完成

了自己的工作。”

我们需要在内部指挥机构做一些重要调整，以填补这一职位空缺。

首相致威尔逊将军：

1. 挑选陆军元帅迪尔的继任者一事十分重要，此人需要能够时常接近总统，所处的地位能保证与马歇尔将军保持密切联系。不言而喻，挑选出的这位军官一定要能够和美国人打好交道，并充分了解整体战局的大方向。具备这些必要条件和资质的人非您莫属。因此，我已经跟总统提议，让您来接替迪尔，担任英国军事代表团团长以及我个人驻华盛顿的正式军事代表。总统已同意此事，并做出诚挚保证，华盛顿将热烈欢迎您的到来。鉴于此，我希望您能即刻告知我，您是否接受这一次重要的任命。

2. 我还向总统提议，由亚历山大将军来接任同盟军驻地中海最高司令一职，麦克纳尼将军担任副司令，并让马克·克拉克将军接管意大利前线的集团军。

3. 总统回复称，美国参谋长联席会议及其本人对以上提议均无异议。

4. 我需要您下周能回来一两天进行初步讨论。希望您能设法回来，到时我的“约克”即刻会去接您，希望麦克米伦能和您一道回来。

1944 年 11 月 21 日

在此之前总统曾来电称：“十分感激您对克拉克将军的一番称赞，并建议他接任亚历山大将军来指挥意大利的集团军。”

* * *

在此期间，为了进军莱茵河，我方已在西线做好诸多准备工作。

比起往年，这一年11月的天气尤为糟糕。河水泛滥，形成了沼泽地，步兵穿过时困难重重。在英军战区，第二集团军在登普西的率领下将敌人从文洛西面的大片突出阵地驱回默兹河。再往南，我方第三十军已行进至马宰克和盖伦基尔亨间的战线，并在那儿与美国第九集团军会师。11月19日，在炮火的掩护下，两支部队联手攻克了盖伦基尔亨，接着便穿过被狂轰滥炸过的乡村向鲁尔河艰难前进。12月3日，第九集团军的右翼抵达于利赫附近，其侧翼第一集团军则在休特根森林展开了一场激烈的战斗。十七个盟军师参与其中，敌军数量与我方不分上下，战况严峻。

由于水位是由此地以南二十英里处的巨型大坝所控制，若在此时渡河实在太过鲁莽。这些大坝仍旧在敌军手中，闸门一开，我们的军队便会被切断，只能在对岸遥遥相望。重型轰炸机曾试图炸掉大坝来放水，但尽管轰炸了几次，依然没有炸开一个豁口。12月13日，美国第一集团军只能再次进军，前往攻占大坝。

在此期间，部署在阿登南部的巴顿第三集团军已经从蒂翁维尔的两边渡过摩泽尔河，向东进军至德国边境。尽管周围的堡垒依然在德军手里，但集团军在11月20日就已经抵达梅斯。在12月13日前，德军一直据守着这些堡垒。第三集团军从梅斯和南锡向北边的萨尔河转移，并且在那里开辟了一条宽广的战线。12月4日，他们在萨尔劳顿附近渡过萨尔河，并构筑了防御工事。在这儿，他们所面对的是齐格菲防线中最难攻破的一部分，其中沿河北岸是前沿战线，后方地带纵深两英里，两侧的混凝土工事相互支撑。由于敌军始终顶着危险据守堡垒，第三集团军只能停止前进。

德弗斯将军所率领的第六集团军在战线右方，通过吕内维尔和埃皮纳尔艰难地穿过孚日山区和贝尔福山峡。在攻下山头时，美国第七集团军与敌军展开了一场激烈的斗争。历经一周的战事后，11月22日法国第一集团军攻下了尔克福，抵达巴塞尔北部的莱茵河。在此之前，我曾希望看一下这场战斗的号角是如何吹响的。他们调转方向，沿着莱茵河下游朝着科耳马尔行进，位于孚日的德军侧翼被他们重创，

只能撤退。我们于 11 月 23 日到达斯特拉斯堡境内，在接下来的几周里，第七集团军扫清了北阿尔萨斯的敌军后，调转方向来到第三集团军的右翼，沿着宽阔的战线跨过德国边境，并越过维桑堡周边的齐格菲防线。然而在科耳马尔附近三十英里内，尚有大批德国残军未被剿灭，这些人在几周后带来了麻烦。

* * *

我就整体情况进行了一番评论，发给了史末资：

首相致史末资元帅：

……

2. 尽管我们已经在梅斯、斯特拉斯堡和其他地方打了胜仗，但毫无疑问，我们在西线的战略上碰了壁。早在这场战事开始前，我们就表达了自己的观点：不能发起全线进攻，应将精锐部队聚集在计划要攻破的地点。蒙哥马利在此之前的评估和预测都已被一一证实。我猜想会重新进行一些调整，将在诺曼底获胜后从蒙哥马利那里划出来的一部分区域归还给他。有一点不能忘，我方军队只有美方的一半，再过不久，可能只有其三分之一多一点。双方虽然在战场上均受挫，但依然对彼此十分友好和忠诚。我们必须对军队进行重新整编并巩固实力，以便在春季发动进攻。要想攻入莱茵河的北部，我们至少还需打一次大仗，那个地方对我方行军至关重要。在此期间，我打算将后方荷兰的残兵收拾干净，可在眼下，要想做成这事就没以前那么顺利了。

3. “铁砧”一战使我方位于意大利的军队无法按时行动，并且极大程度地削弱了军队作战力。鉴于此，我方将亚平宁山脉的敌军清理完毕，但又被波河流域的沼泽地带困住了。如此一来，我方原本在装甲设备上的强大优势便突显不

出来了。而且眼下，由于意大利的天气状况和西线一样恶劣，我方原本占据优势地位的空军作战力遭到严重削弱。截至目前，我们在意大利已经将二十八个德国师拖住，因此我方所展开的行动是无可厚非的。马歇尔将军反倒对我方的杰出行动感到吃惊不已，其中的原因大概仅仅是德军试图将他们在巴尔干半岛各国内的军队撤回，从而导致无法及时经过勃伦纳和卢布尔雅那展开撤退行动。即便还在进攻，但我们目前无法在意大利北部取得任何令人满意的结果……

……

5. 在缅甸，我们只能由北往南前进，途中穿过一片丛林，我本希望可以避开那片丛林。蒙巴顿的工作一直非常出色。但在眼下的中国境内，昆明正历经灾难，再过不久重庆也有可能受此影响。为了守卫首都及其空运终点站，蒋介石正将其战斗力最强的部队撤回，该部队此时正由缅甸向南进军。我不能说他错，但他这么做却对蒙巴顿取得胜利产生了不利影响，蒙巴顿所指挥的那场战役部署完善，却因此失去了吸引力。这么一看，我们只能勉强以原先一半的速度穿过这片丛林，可我至今尚未被允许在孟加拉湾对岸发起一场大型两栖作战行动。联合参谋长委员会会对每件事进行仔细斟酌，但“安全第一”始终是每项行动的前提条件。此刻美军虽在莱特湾与敌军激烈对抗，但其今年在太平洋所取得的突破让我们钦佩不已。我希望我方舰队能于1945年加入美军，与其共同作战，从而提升作战力。正如老费希尔所言：皇家海军的作战能力始终保持一流水平。可以预见的是，海军部会愉快地提出大量要求，比如人力、辅助舰船以及各种准备工作。

6. 与此同时，普选的阴霾逐渐笼罩在四周，过不了几个月，英国先前组建的日后有望成为最有作为的政府将被解散。大体而言，明年将是令人愉快的一年。我方的财政状况仍有

前景，并未被空中的乌云所覆盖。但有一点我很有把握，即使我们没有强调存在极大危险，不过我确信我们仍将克服一切阻碍。

7. 在我收到的所有生日贺电中，我的忠实老朋友，您的来电最为令我动容，并给予我最多的鼓励。

1944 年 12 月 3 日

三天后，我亲自给总统发了封电报。

首相致罗斯福总统：

1. 鉴于双方无法会面，眼下我认为需要跟您说一下，我们在今年年底面临的战争局势令人失望，情况堪忧。尽管我们在西线取得了多次战术胜利，如梅斯和斯特拉斯堡就是我们的战绩，可实际情况却是，我们的军队至今尚未达成早在五周前就制定好的战略目标。我们尚未抵达莱茵河北面战线中最为关键的战区，而且还需与敌激烈厮杀几周方有望到达莱茵河，建立滩头阵地。在此之后，我军必须再次奋力攻入德国境内。

2. 德军在意大利的我方战场上尚有二十六个师——等同于十六个完整的师。他们可以随时通过勃伦纳和卢布尔雅那进行撤退，坚守从加尔达湖一直往外延伸，直至如阿迪杰河口一带的防线。这样一来，他们的战线便缩短了很多，从而将一半的意大利军队派去保卫德国本土。在此之后，他们甚至还可撤至阿尔卑斯山来节省人力。在我看来，他们在意大利停留如此之久，或许是想让巴尔干半岛等地的十二个师逃脱，眼下这十二个师正逃向匈牙利和奥地利。如果不派出空军、游击队和小股突击队，那么只能任其逃之夭夭。据我估计，绝大部分会逃走。其中大概有一半的师可能会被派去增援从意大利外派的军队。如此一来，德国境内的援军将实力

大增，根据战事所需，既可派往东线也可用于西线。

3. 在主战场上，“龙骑兵”计划使我方获得巨大优势。然而，“龙骑兵”之后，我方作战实力大不如前，故第十五集团军群无法向凯塞林发起致命一击，延误了战机。当我们穿过亚平宁山脉时，波河流域早已被一片水淹没。鉴于此，我方占有优势的装甲部队在山区和平原毫无用武之地。

4. 无论德军在哪条战线进行作战，他们都丝毫没有懈怠，导致我方未曾从欧洲抽调出五个英国师和英印师去协助蒙巴顿于3月向仰光发动的进攻。还有一些其他原因，导致无法展开该进攻。鉴于此，经我方在魁北克一致决定，蒙巴顿沿河向北和向西行进，从而在缅甸境内发起全面进军，行程顺利，令人满意。眼下，日军向中国进军，对昆明乃至重庆造成严重威胁，使蒋介石及其政府岌岌可危。鉴于此，会有两个师撤回中国，保卫祖国。毫无疑问，这么做是形势所需，毫无过错。但站在蒙巴顿的立场，撤军将带来严重后果。目前为止，他尚未做出决定来解决这一新灾难。正因为这灾难，不仅是中国、贵方航运终点站，就连缅北的战况都将陷入险境。原本，我打算通过横渡亚得里亚海或孟加拉湾，向敌军发起一次实质性的严重打击，可现在，这一想法已不可能实现。

5. 眼下，在我方所有行动中，只有贵方在太平洋展开的大规模战役尚未遭遇过挫折。

6. 然而庆幸的是，我方必须考虑苏联将展开什么行动。斯大林已经答应我们，将会在冬季展开战斗，据我估计，应该是1月左右。尽管前来与艾森豪威尔对战的只有三至四个德国师，但斯大林在其宽广的战线上，一直都在做休整和准备工作。我现在不便衡量他最近对布达佩斯西南部的进攻状况。然而在我看来，比起近日，此次战役以及苏军的后续行动将为我们提供更多帮助。德军已经筋疲力尽，一旦有重兵

打击敌军，我们即使不能使其全军覆没，至少也能使其局部崩溃。

7. 我曾从战事规模和比例这两方面来审视整体形势，我们将在不同程度上遭遇以下情况：

（1）我们将沿通往柏林最近的路线抵达莱茵河，要比预计时间晚很多，若强行横渡，抵达时间将更晚。

（2）显然，我方将在意大利受挫。

（3）德军绝大部分将会从巴尔干半岛逃之夭夭。

（4）我方将在缅甸遭遇挫折。

当我们将自己美好的希冀与眼前的现实相比较时，即使我们共同努力不使希望破灭，可问题仍然摆在那里：我们将如何应对这个问题？令我不断感到焦虑的是，我们三人尽早会面的愿望已经破灭，而且您、我以及我方参谋人员的会面也被无限延期。英方的计划有赖于贵方。就英美双方的问题而言，我们至少应将其视为一个整体来斟酌。电报、电话太过频繁反而会给局势添乱，因此我是这样考虑的，若您在2月之前不能亲自前来会面，您能否尽早将贵方的参谋长们派过来。到了这儿，参谋长们及贵方的主力部队可以与艾森豪威尔将军近距离接触，从而一块静下心来研究整体的严峻战况。这么做是为了像1944年在各项战役中所采取的行动一样，双方展开紧密合作。

1944年12月6日

罗斯福总统虽深表同情，但却并未如我那般焦虑。

罗斯福总统致首相：

或许是因为我不够靠近战场，也或许是因为我在六个月前，没有和您一样乐观地估计时间，所以我并未如您那般，对战局感到如此失望。

就欧洲战局而言，我总是有种感觉，若要攻占德国，将战线拉至莱茵河左岸，那就得和德军来一场激烈的战斗。由于我以前曾经骑着自行车穿过莱茵河周围的大部分区域，我并未如许多指挥官那般乐观，认为联合军队渡过莱茵河十分轻松。

尽管如此，我们一致达成的广泛战略正按计划实施。您和我作为统帅，已经拟好计划，下达命令，并按方案和命令将物资送达战场。在我看来，或许眼下战事的进度不及计划，但前线指挥官应依然肩负起展开战役以及取得战果的责任，我对他们充满信心。有一点不能忘，虽然冬天使我们困难重重，但敌方日益枯竭的人力资源正逐日被我方陆军和空军所消耗。安特卫普港的开放极大改善了我方补给物资的运转情况。据艾森豪威尔将军推算，敌军面对在西线由他所引发的伤亡情况后，已无法再调集新队伍来填补战斗力。再过不久，虽然我现在尚不清楚具体何时，我方就将迎来最为有利的关键性突破。

就意大利战况而言，亚历山大所率领的军队正拼尽全力将德国师牵制在意大利。有一点须牢记，若德国人决定撤至阿尔卑斯山战线，他们的确有能力做到。

位于巴尔干半岛地区的德国军队也面临着同样的情况。我从不认为若失去了苏联的帮助，我们依然能在该地区俘获大批德军。

从苏联战事来看，我们还需将坏天气充分考虑在内，苏联人眼下似乎也正竭尽自己的全力。您肯定比我更了解此事。

毫无疑问，远东的状况有些许差别，对此我根本高兴不起来。

考虑到以后，除了采取魏德迈眼下的措施，我们根本无计可施。但就人力、物力、舰只损失而言，日本在太平洋区域蒙受的损失远超我们好几倍，他们也已经走投无路了。甚

至连上帝都在助我们一臂之力，此次大规模的地震和海啸就验证了这一点。

从现在开始，一直到春天冰雪融化的时候，将会发生许多事情。我们将比现在掌握更多的情况。

此刻，我手下的参谋长联席会议正不遗余力地来实施我们制订的计划，并为我方在世界各地作战的军队提供支持。实际上，这些军队此时已全部投入其中。鉴于眼下我们不必为了指导战地指挥官而制定宽泛的战略决策，我认为参谋长们此时需要坚守在自己的岗位上。

1944 年 12 月 10 日

* * *

眼下，即将迎来一次迎头痛击。还没到第六天，我方突然爆发了一场危机。盟军决定从北部的亚琛进发至南部的阿尔萨斯，在那儿与敌军干一场硬仗。这么一来，我们的中央战区实力便十分薄弱。美国第八军中有四个师，该军独自守卫着阿登战区一条全长七十五英里的战线。我们铤而走险的决定带来了严重的后果，而且情况将更糟糕。敌军在其西线突然集中了七十多个师，其中包括了十五个装甲师。这七十多个师中，有许多缺乏足够的兵力，尚需休息和重整装备。但第六装甲集团军被公认为是一支劲旅，且士气饱满，具备先锋的潜力。当其作为后备军驻扎在亚琛东面时，我们就已对其展开密切关注。12 月初，该战线并未展开多次战役，因此我方情报部门便暂停了对其监视。由于天气状况糟糕，飞机无法起飞，我们无法对其进行追踪。艾森豪威尔怀疑敌军正蠢蠢欲动，但却没料到他们竟发动了如此大规模而又迅猛的行动。

德军的确酝酿了一项主要计划。龙德施泰特将第五、第六、第七集团军聚集在一起，共计十个装甲师和十四个步兵师。这支实力强劲的队伍在其装甲部队的带领下，试图攻破我方在阿登地区直接通往默

兹河的薄弱中心区，进而转战北部和西北部，将盟军战线一切为二，占领安特卫普港，从而切断我们北方军队的生命线。这一大胆的举措出自希特勒之手，他力排众议，执意实施此举。德国空军的残余势力为了支持该行动而被聚集起来以作最后一搏，伞兵、突击队和身着盟军军服的特务倾巢而出，各尽其能。

12 月 16 日，进攻在连天的炮火中开始了。在向鲁尔河坝进军途中，第六装甲集团军的北部侧翼与美国第二集团军狭路相逢。战斗过程中双方难分胜负，敌军最终只能停滞不前。再往南，德军突破了一条狭窄的战线，但美军第七装甲师表现出色，即便在情况最严峻的那几天，他们依然坚守着圣维特，阻止了敌军的进一步突破。德国第六装甲集团军又向西面发起新一轮攻击，接着又将矛头往北指向列日北面的默兹河。在此期间，美方第八军防线的中心被德国第五集团军攻破，德军趁势绕开圣维特和巴斯托尼，直捣马尔什，一路进军至迪南旁的默兹河。

尽管盟军最高统帅部之前并未料想到德军会在这个时候发动如此大规模的进攻，但没过多久他们就已经认清此次进攻的重要意义和目的。他们下定决心增强突破口的守卫力量，坚守住那慕尔东部和南部的默兹河交叉口，将机动部队聚集在一块后从南北同时发动进攻，待敌军闯入时将其一举歼灭。艾森豪威尔即刻付诸行动。他停下了正与盟军一同发动的进攻，从下属部队和南部分别调来了四个美国后备师和六个师，英国出调两个空降师，其中一个是其第六师。在敌方阵地突出的北部，英国第三十军集中在美国第一和第九集团军后面的列日和卢万中间。该军由四个师组成，刚从鲁尔河作战归来。后来，美国的那两支集团军把所有后备部队投入到了马尔梅迪的西面，在那儿构成了一条侧翼防线。

布雷德利将军所率领的第十二集团军群的阵地被德军切断后，他就不能在卢森堡司令部发出有效指令，指挥突出部队北面的那两个集团军。鉴于此，艾森豪威尔将军睿智地下达了以下命令：北部所有盟军暂时交给蒙哥马利指挥，美国第三集团军则依然由布雷德利指挥，

以守住南面，并向敌军发动反击。他还相对应地给战术空军部队做了安排。

我给史末资拍了封电报。

首相致史末资元帅：

1. 正如您所知，在这几个月以来，蒙哥马利与身处英国的我们始终都坚持要向鲁尔北面发动进攻，并一再强调，由于我们自身有限的战斗力，无法像现在这样发动两场主要进攻，一方面将炮火对准科隆，另一方面则要穿过萨尔河。尽管天公不作美，我们的朋友依然胸有成竹地往前进。当敌军发动反击时，他们的力量分散在南北。我在20日的下午给艾森豪威尔打了个电话，向他提出两点建议：已被敌军攻破的地区以北的部队由蒙哥马利指挥，以南的部队则交给奥马尔·布雷德利，并交代他把控好这两支部队之间的合作。他回复称，上午他就发布命令，内容与我的提议相一致。事实上，蒙哥马利现在手头上有十八个美国师，还有他自己的第二十一集团军群，其中大概有十六个师。眼下他正在整编大量的后备部队，并承担起由他所指挥的作战区的一切职责。他势必能做到一夫当关，万夫莫开。截至目前，尚未发现德军拥有足够的力量来向第二十一集团军群的正面阵地发动大规模进攻。

2. 在战线缺口的南面，情况就没有那么清楚了。美军正进行着誓死抵御，可战况还是非常混乱。毫无疑问，巴顿所率的那支军队已从梅斯地区聚拢而来，并朝北进军。据我估计，敌人的状况也好不到哪儿去。和往常一样，我依然保持乐观。德军这只乌龟的头伸得太远了。

1944年12月22日

*　　*　　*

我方共派了三个师前来增援，此时这些师正防守在那慕尔南边的默兹河沿线。布雷德利将一支军队部署在阿尔隆，并派遣美方一〇一空降师驻守在巴斯托尼的关键交叉路口。德军的装甲部队又将炮火转至巴斯托尼北部，等待时机朝西北方向进攻，步兵则留下攻取巴斯托尼。一〇一师与部分装甲部队分了开来，在此期间的一周内，敌军发动的所有进攻都被他们击退了。

德军第五、第六装甲集团军在进军途中与我方在马尔什附近展开了殊死较量。这场战斗一直持续到 12 月 26 日方结束。虽然德军在此之前与默兹河的距离不到四英里，而且已经将战线拉至六十英里长，但此时的他们已经疲惫不堪。由于天公不作美，能见度较低，我方空军在第一周便无法投入战斗。可到了 12 月 23 日时，天气好转，适合飞行，空军便投入战斗，而且效果显著。重型轰炸机向敌军后方战线德苏铁路和行动中心发起进攻，战术空军部队给敌人的前线造成了重大损失，还切断其援军、燃料、粮食和军火。我方向其炼油厂发动战略性空袭，使敌军汽油供给不足，无法如期进军。

敌军装甲兵的首要目标是默兹河，当进攻失利后，他们便向巴斯托尼发动猛攻。12 月 26 日，美方第四装甲师向一〇一师提供了部分援兵。尽管战斗力量远不及敌军，但他们依然在巴斯托尼驻守了一周。22 日，巴顿从阿尔隆发动反击，进攻速度虽不快，但却一路穿过大雪缤纷的农村，向着乌法利兹稳步前进。因此，无论德军最高司令部有多不愿意承认，到了 12 月底，心里肯定清楚自己败局已定，他们这一次发动了空袭，做垂死挣扎。1 月 1 日，敌军打了我们一个措手不及，他们在低空向我方前线的所有机场发动了猛烈的空袭，使我方遭受了重大损失，但战况很快就得到了缓解。德国空军在这最后一次集中攻击的行动中所遭受的损失远远超过其可承受的范围。

*　　*　　*

1 月 3 日，为了配合巴顿在南部发动的进攻，蒙哥马利在北部向乌法利兹发动了反击。此时我前去视察前线，给总统拍了封电报。

首相致罗斯福总统：

1. 这两天，帝国参谋长和我、艾森豪威尔以及蒙哥马利一直待在一块，他们深感战局堪忧，但坚信终会取得成功。我希望您能理解一点，就算新闻界添乱，英国政府依然对艾森豪威尔将军十分放心。只要他遭遇攻击，我们都会及时展开反击。

2. 艾森豪威尔和蒙哥马利紧密相助，布雷德利和巴顿也默契十足。若将这两组联合拆散，后果则不堪设想。在 1944 年时，就是多亏了这种联合作战方式，我们方才取得连做梦都不敢想的战果，而且是军事史上最为杰出的一次成果。如今，蒙哥马利和我说，要不是英美两国的军队齐心协力，敌军发动的这场突破战会使我们整条前线都陷入绝境。

3. 我们手头只有不足十八个师，尽管我对此感到十分遗憾，但这些师的作战力量已绰绰有余。而且在法国，我们还有七千至八千名援军，他们已整装待发，随时听候调遣。此外，我们还向前线及其周围调去了二十五万大军，这一调动使我底气十足，在马上要展开的殊死一战中，我军现有的兵力起码能被保留至战事结束。

4. 我深刻意识到得向步兵提供支持，他们承受了三分之二的损失，却往往是最后一个得到增援。与其派新一批大规模的部队，还不如保持那些已经参加战斗的步兵师的兵力。鉴于此，我们正着手准备若干个步兵旅，其中还从海军的八万名陆战队抽调了一部分。有了这些步兵旅，部分位于按兵

不动的战区的机动师则可获得解放。与此同时，步兵旅还得完成一些特殊的工作。对二十一集团军而言，蒙哥马利对这个主意表示十分赞成。艾森豪威尔将军告诉我，他对此事的观点也是如此。他迫切希望能配有更多个步兵分遣队——即步枪兵和刺刀冲锋兵，来保持美国师相应的组建方式。

5. 在这场战事中，贵方军队骁勇善战，他们在巴斯托尼和蒙哥马利战线上的两个地方的表现尤为突出。对此，我向您致以最真挚的祝贺。蒙哥马利告诉我，那两个地方分别是在敌军突出阵地的最高处，美军的第一师和第九师曾连续在那儿作战，付出一番惨重的损失后方战胜敌军；另一个地方则与美国第七装甲师相关，从该师的军人身上似乎可以发现崇高的奉献精神。此外，在第一集团军中，许多部队都战斗到了最后一刻，并死死守住了十字路口，防止敌军伺机突破。正是他们牺牲了自己，北方的所有军队才未陷入险境。

6. 由于我方未参与此次战斗，我在美国报纸上曾读到对我军的批评。借这次机会，我请您放心，我方部队已整装待发，只待艾森豪威尔将军一声令下。我相信，他和下属蒙哥马利陆军元帅一定会严格遵照军事需求来部署兵力，无论是在派遣军队发动反攻方面，还是就交叉纵横的交通线来进行横向行动的方面。据我观察，英美司令部未曾发生过任何不和。但总统先生，现实是无情的：考虑到战事进展，我们还需要一些战斗部队。

7. 就我来看，眼下这个时候，缺少一种迫切的新动力——内心深处的友谊以及全力以赴。只要您认为在我们的能力范围之内，烦请即刻告知我方去完成。

1945 年 1 月 6 日

*　　*　　*

艾森豪威尔及其参谋部眼下焦急难耐地想知道，苏方能否有所作为，从而减轻我们西方所承受的压力。尽管我方驻莫斯科的联络军官对此已使出浑身解数，但对方的同级官员却始终未做出任何答复。艾森豪威尔令其副司令特德空军上将率特别使团访问苏联，通过这一有效方式来向苏联总参谋部提出上述问题。不佳的天气状况耽搁了他们的行程。得知此消息后，我即刻对艾森豪威尔说："若由参谋处出面，此事只会拖延更久。但如果是由我来问斯大林，他也许会给出答复。需不需要我来试一下？"他让我一试，因此我发了电报，内容如下：

首相致斯大林元帅：

由于西线战事吃紧，对于最高统帅部而言，无论何时，他们都需要做出决定。从自身经历来说，您应该明白若丧失了主动权，要想守住一条广泛战线，必定会使人焦头烂额。艾森豪威尔迫切地想要了解您的大致行动方案，他和我们在做所有重大决定时都与此有关，因此这也是他的急切需求。昨晚有人发来报告，由于天气原因，我方特使被困在开罗，行程被耽误了很久，可这不是您的错。如果他尚未到达您处，烦请告知：我们是否能寄希望于苏联，使其 1 月份时在维斯杜拉河战线或其他地方发动一次主要进攻？若您能回复这个问题，并愿意说明其中的原委，我将不胜感激。我绝不会将这尤为机密的情报泄露给任何人。只有在情况十分严密的情况下，我才会告诉布鲁克和艾森豪威尔将军。此事迫在眉睫。

1945 年 1 月 6 日

我们要求他做出一项牵涉到多人的重大决定，他在第二天就回复了我们。念及此，人们定会觉得他非同凡响。

斯大林元帅致首相：

我于1月7日傍晚收到您1945年1月6日发来的电报。

令人遗憾的是，特德空军上将至今还没有到达莫斯科。

有一点至关重要，即在应对德军时充分发挥我方的炮兵和空军优势。要做到这一点，需要天气晴朗，适合飞行，而且地面不会起雾，这样炮火就能精准定位。我们原本预备发动进攻，但眼下天气状况不佳。鉴于盟军在西部的战况，最高统帅部决定加快准备进程，即便天气不佳，也要于1月底之前，在整条中央战线周围集中大规模兵力攻击德军。请放心，我们势必会竭尽全力向盟国战绩辉煌的部队提供援助。

1945年1月7日

首相致斯大林元帅：

1. 您的来电令人振奋，对此我十分感激。我只将其发送给艾森豪威尔将军一个人看。希望贵方伟大的进军一切顺利。

2. 西部战况还可以。德军很有可能已被打垮，被赶出突出部，并蒙受了重大损失。美军是这场战事的主角，其部队表现优异，但损失惨重。我们双方已将能力范围内的所有兵力都投入了进去。听到您所告知的消息，艾森豪威尔将军势必将感到士气大增。这样的话，他就能确定，德方只得将援兵分散至两条硝烟弥漫的战线上。负责领兵打仗的将军们发来报告，说西部的战火不会熄灭。

1945年1月9日

通过阐述这些电文来往的内容可以很好地看出，盟国首脑间在解决问题时十分迅速，苏联人及其领袖即便蒙受严重的损失，也依然提前发动大规模进攻，十分讲义气。毫无疑问，看到我转发给他的消息后，艾森豪威尔肯定十分欣喜，但他也提出了请求，希望能调派一些援军给他。我们在三周前曾向全英上下发出通知，政府还需招募二十

五万人来负责供给工作，从而向正在前线与敌作战的军队提供援助。在为时已久的战争中，英国政府首次利用自身权利来迫使各军种中的女性去海外服役。事实上也算不上迫使，她们对此都十分热忱。可要让这些极端措施变得成熟还需些时日。尽管我们秋天时在战场上所蒙受的损失已得到补充，物资供应也很充足，但我们手头剩下的已不多。除六万名步兵增援部队外，美方已准备再抽调九个新的师。

*　　*　　*

美方两个军和西部的英方第十三军从北部逼近敌军。他们于1月7日穿过自拉罗什至维尔萨尔姆的公路，德军要想逃跑势必会走这条路。盟军进攻部队的两翼在与暴风雪做着斗争的同时，慢慢地向前进军，到了1月16日，他们在乌法利兹会合。德军被逼无奈只能向东后退，一路上我方空军向其不断发动空袭。等到了1月底，他们被逼退至边界后方。尽管他们已竭尽全力，但却一无所获，反而在物资方面蒙受了严重损失，还承受了十二万人的伤亡。

在此次战争中出现了棘手的状况，所幸没有引发什么大麻烦，可也值得一提。为了从第三集团军抽调几个师，艾森豪威尔便下令，让德弗斯所率领的第六集团军群来顶上巴顿所负责的部分战线。若情况需要，他还允许从莱茵河撤退至孚日山脉。这么做的话，敌军就可从斯特拉斯堡随意进出，因此法国政界和军界对此十分恐慌，这也在情理之中。很难想象，敌军究竟会如何报复斯特拉斯堡人民，因为这些人十分拥护解救他们的人。碰巧我这会儿刚好就在艾森豪威尔在圣日耳曼的总部。他和比德尔·史密斯一同听取了我的意见。不出所料，敌军在该集团军群的正前方开始有动作，在科耳马尔这一单独据点情况尤甚，但最终还是被反击回去。艾森豪威尔将军撤销了命令，再也不计划出于军事状况而舍弃斯特拉斯堡。戴高乐对此表示感激。

在此次战争中，敌军发动了最后一次进攻，我们当时对此忧心忡忡，只能延迟进攻。但到了最后，我们占据了有利地位。德军所蒙受

的损失已无法弥补。尽管我们之后在莱茵河所展开的战事十分激烈，但压力自然已没有那么大。德国最高司令部，甚至希特勒本人，势必已不再抱有幻想。虽然艾森豪威尔及其手下的指挥官曾遭遇奇袭，但他们即刻就采取了行动。他们一致认为，之所以能及时应对，主要归功于其他方面。蒙哥马利自己曾说："美国士兵在战斗中所展现的忠实坚定的品质，是阿登战役取得胜利的主要原因。"

1月18日，我在下院发表讲话，其中有一段就是我对此次战役的看法：

> 在我看来，在美军战线从12月16日以来所进行的激战中，英美两国始终协同合作。尽管在这些战斗中基本都由美军完成，一切损失几乎都由美军所承担……但若我方士兵的战绩没有得到认可而遭受冷遇或抹杀（有时的确会出现这种情况），我定当起身为其辩驳……但有一点我们得记住，就在上个月，事关人员伤亡的电报被送往了美国的各家各户，这些电报令人寝食难安……就我所了解到的军事资料而言，针对冯·龙德施泰特所发动的坚决反攻是明智的，而且从军事上来看也是正确的。就算战线长达几百英里，也依然可以找到突破口。从突破口进入后，艾森豪威尔将军即刻就下令，让蒙哥马利元帅指挥突破口北面，突破口南面则交给奥马尔·布雷德利将军。从战事最后的结果来看，这两位将军十分有才，手下雄师百万，指挥时也有条不紊。毫不夸张地说，他们调兵遣将的策略可以说是给后世军队树立了楷模。

第八章

EIGHT

英国介入希腊事务

“灵粮”军事行动——百废待兴的希腊——艾登先生访问希腊——动乱愈演愈烈，所涉范围越来越广——游击队被遣散——雅典战事艰难，英美两国的猛烈进攻——建议在希腊建立摄政府——亚历山大奉命自由行动——泄密事件令人震惊——忠诚的英国工会代表大会——致加拿大总理的电报

在我于8月底离开意大利前，基于德军在希腊有可能遭遇溃败，我曾经让帝国总参谋长研究英军向希腊发起远征的具体行动计划。这个行动计划的代号是“灵粮”。由于物资有限，加上无法准确判断德军在巴尔干半岛各国的战略动向，我方在研究此项行动计划时困难重重。但我已下达命令，9月11日前，我军必须整装待发，位于意大利的希腊首相及其政府代表也应时刻做好回希腊的准备。在9月第一个周末，他们在卡塞塔近郊的一处别墅住了下来。帕潘德里欧及其“民族解放阵线”的新同事们便在别墅里开始安排工作。在希腊，不能形成政治真空，这一点十分关键。8月29日，我曾在备忘录中这样写道：“要是早期没有出现危机，直接骤然一击，就再好不过了。对付‘民族解放阵线’的最佳方式便是先发制人。”该计划中有一点至关重要，为了日后增援埃及，确保希腊部长们早日抵达埃及，需要派遣一个伞兵旅前去攻占雅典及其飞机场，再调四个战斗机中队去将比雷埃夫斯港的敌军清除干净。在此之后，我们加快运输救济物资的进程，把希腊旅从意大利调回来。

由于德军迟迟不从希腊撤军，我们只得改变行动计划。鉴于一万名守军没有任何行动，我便于9月13日给威尔逊将军拍了封电报，令

其做好提前在伯罗奔尼撒半岛降落的准备，因为岛上的德军正撤向北部的科林斯地区。负责执行“灵粮”计划的作战部队由斯科比将军指挥，他们接到命令，自 9 月 13 日半夜起的四十八小时之内就要投入战斗。起初，该部队由以下队伍组成：自意大利前去的第二伞兵旅，充当步兵的第二十三装甲旅，从埃及出发的后勤部队，再加上获得希腊政府所允许的任何部队。而以下部队则将为这支远征军提供增援：第十五巡洋舰队（装备中含有扫雷舰队），四个英国以及三个希腊的飞机中队，以及美国的运输机队。

虽然德军拖着不撤出希腊，但我们却得以在发起最后一击前夕，对希腊事务进行巩固指导。想到希腊政府眼下离意大利很近，我就高兴不已。9 月底的时候，威尔逊将军将“人民民族解放军”的萨拉菲斯将军及其对手民族主义者泽尔瓦斯聚集在一起，在卡塞塔和帕潘德里欧见面。当时参加会议的还有地中海国务大臣麦克米伦先生及我方驻希腊政府大使利珀先生，指导该会议的政治问题。在会议上必须提议建立一个机构，以统一指挥意大利境内、希腊国内所有可用的部队，还有正在等待登陆的英国部队。

9 月 26 日，签订了一项全面协议。协议中有项规定，希腊境内的所有游击队都应遵守政府命令，而希腊政府派斯科比将军指挥这些部队。希腊游击队的领袖发出声明，该队的任何成员都不会滥用私刑。在雅典，只有英国司令可以直接下达行动指令。该文件的别名为“卡塞塔协议”，制约着我们的后续行动。

一直到了 10 月份，希腊才解放。就在那时，有些突击队被派遣至希腊的南面。在 10 月 4 日清晨，我军攻占了帕特雷。自 1941 年我军悲惨撤军以后，帕特雷成了我方首个立足点。在此之后，该军队顺着科林斯海湾的南岸排除困难，努力前进。10 月 12 日，威尔逊将军得知德军正从希腊撤军，第二天，英军伞兵在梅加腊机场着陆，该机场位于首都西部大约八英里处。14 日，其余的伞兵抵达，继德军撤退以后攻占希腊。我们海军部队进入比雷埃夫斯，一同前往的还有斯科比将军及其主力部队。希腊政府及我方大使也在两天之后抵达。

* * *

眼下，考验我方安排的时候到了。为了使苏方免于干涉，我曾在莫斯科会议上付出了沉重的代价。对于帕潘德里欧的临时政府，我方表示绝对支持。“民族解放阵线”全面代表该政府。卡塞塔协议对所有党派的行动都起着制约作用，因此我方希望由一个稳定的希腊政府来执政，可希腊早已一片狼藉。德军往北撤军时，摧毁了公路和铁路。虽然在此过程中，我方曾发动空袭以扰乱其进程，但我军在陆地上对他们却束手无策。入侵者在撤军过程中留下的间隙恰好由“人民民族解放军”的武装队伍来填补。贫困和纠纷遍布四野，经济状况乱作一团，而且已弹尽粮绝。而我方自身的军事资源状况也已不容乐观。

艾登先生在10月底时从莫斯科回国，中途访问了雅典。1941年时，他曾为希腊做出了贡献，为此当地的人们向他表达了热烈的欢迎。驻开罗的国务大臣莫因勋爵以及麦克米伦先生与艾登先生一同前往。彼时谈及整体救济问题时，人们已精疲力竭。为了增加食品供应，我方军队仍愿意省下一半的定量口粮，与此同时，英国工兵已经着手建立紧急交通线。到了11月1日时，德军已经从萨洛尼卡和弗洛里纳撤军。十天过后，其最后一批军队已穿过北面的边境线。希腊得到全面解放，但个别的小岛上仍有德军驻守。

然而，位于雅典的政府手头军队数量不够，无法控制整个希腊，也无法强迫“人民民族解放军”遵守卡塞塔协议。情况越发无序和混乱。11月7日，我给外交大臣发去了备忘录，内容如下：

首相致外交大臣：

1. 在我看来，既然我们已经为了能在希腊自由行动而向苏联付出了筹码，那么就应毫不犹豫地对帕潘德里欧先生所执掌的希腊王国政府提供支持。

2. 此举意味着英方军队自然要出面阻止这种无法无天的

行为。若他们发动新闻界罢工，那么帕潘德里欧先生可以顺其自然地将“民族解放阵线”的报纸停刊。

3. 我希望希腊旅能很快抵达，必要时须予以镇压，不应有所迟疑。为何仅派了英印师的一个旅去那儿？我们尚需八千至一万名步兵前去替现任政府守卫首都和萨洛尼卡。日后，我们一定要将扩充希腊政权纳入考虑范围。我已充分预料到会和希腊“民族解放阵线”产生冲突，而且一旦有了充足的理由，我们就须直面冲突。

1944 年 11 月 7 日

第二天，我又拍了封电报，内容如下：

首相致威尔逊将军（意大利）和利珀先生（雅典）：

我希望你们能考虑到一点，能即刻将第四英印师的第三旅或其他部队派去支援我们在雅典的军队……

1944 年 11 月 8 日

*　　*　　*

由“民族解放阵线”所发起的反抗已箭在弦上，故斯科比将军于 11 月 15 日接到命令，准备好发起反攻。雅典将被宣称为军事区，并命令希腊“人民民族解放军”的所有部队从雅典撤兵。第四英印师从意大利调往萨洛尼卡、雅典和帕特雷。希腊旅也从意大利赶来，帕潘德里欧及其“民族解放阵线”幕僚因此事产生了争执。为了避免内战爆发，仅有一个方法，即双方通过协商，解除游击队和其他部队的武装，重建一支由雅典政府所直接领导的新国防军和警察部队，并做好相应安排，为“国民警卫大队”征兵，并为他们提供装备，每支部队由五百多人组成。最终共筹建了三十支这样的警卫大队；在围捕敌对武装分子，以及守卫我军所攻占的地区方面，这些大队功不可没。

遣散游击队的命令草案是在帕潘德里欧先生的要求下，由“民族解放阵线”的部长们亲自起草，并提交给混乱的内阁。其中，正规的希腊山地旅和神圣中队全部保留，希腊“人民民族解放军”只保留一个旅，而希腊“民族民主军”保留一支小部队。但在最后时刻，希腊“民族民主军”的部长们背弃了自己用一周的宝贵时间起草的提案，要求解散山地旅。12 月 1 日，“民族解放阵线”的六位部长辞职。翌日，雅典爆发了总罢工，剩余的内阁成员通过了遣散游击队的命令。斯科比将军发表了告希腊人民书，表示在“建立拥有合法军队的希腊国家以及进行自由选举”前，自己将坚定地支持现在的立宪政府。我在伦敦也发表了类似的个人声明。

我和安东尼一直在一起，直到凌晨两点，我们才一致同意开火。看他很疲惫，我说：“如果你想去睡，我来解决就好。”他去休息了，三点左右，我草拟了一封电报：

首相致斯科比将军（雅典），抄送威尔逊将军（意大利）①：

1. 我已指示威尔逊将军，务必将所有部队以及可能的增援部队交予您。

2. 您负责维持雅典的秩序，消灭逼近雅典的“民族解放阵线”和“人民民族解放军”。您可以随意制定任何条例来严管街道或平定暴乱。对此，您必须机智应对，以免犯错。但在雅典袭击英国当局或与我们共事的希腊当局的任何武装人员时，可立即射杀，不必犹豫。当然，如果您的指挥部能得到希腊政府的授权就更好了。利珀正通知帕潘德里欧停下来协助平定。不管怎样，您必须果断行动起来，就像自己身处在虽有局部暴乱，但已然征服的城市。②

3. 对于逼近的“人民民族解放军”，您一定能用装甲部

① 当时指挥权还没有移交。

② 这儿和下面的着重点全是作者事后加的。

队击溃一部分人，让其他人不敢轻举妄动。在此基础上的一切合理而明智的行动都可能得到我的支持。我们一定要坚守并掌控雅典。如果不必流血就办到当然是一大好事，但必要的话就是杀戮流血也得办到。

1944 年 12 月 5 日

这份电报是 5 日凌晨四点五十分发出的。我必须承认，这份电报语调有点尖锐。我觉得以强硬的领导方式指挥军事指挥官是非常必要的，所以有意用了最尖锐的措辞。有这样的一份命令，不仅会鼓励指挥官果断行动，还给了他一定的保证，即我会支持他做任何经过周密考量的行动，无论后果如何。我对整个局势深感忧虑，但深信没有任何犹疑或回旋的余地。我想起了阿瑟·鲍尔弗在 80 年代①给爱尔兰不列颠当局一份有名的电报中写道："不必迟疑，立即射击。"当时还是在公开的电报局发出去的，因此在下议院引起了巨大的风波。但这确实阻止了流血死亡。这正是鲍尔弗一路平步青云的重要原因。现在的背景截然不同，但自那时起，"不必迟疑，立即射击"这句话就一直萦绕耳畔，激励着我。

那天晚些时候，我给驻雅典大使发了一份电报：

首相致利珀先生（雅典）：

1. 没时间涉入希腊政局或猜想各种背景的政客对局势的影响。您不必担心希腊政府的组建问题。这已是生死攸关的事。

2. 您必须敦促帕潘德里欧尽忠职守，并向他保证，这样就能得到我们的全力支持。任何一个希腊政客集团都不能再影响暴乱起义。他唯一的机会就是与我们并肩作战。

3. 我已经让斯科比将军全权负责雅典的守卫以及法律和

① 指 19 世纪 80 年代。——译者注

秩序的维持工作，并向他保证我们支持他采取任何必要的武力。今后在一切影响公共秩序和安全的问题上，您和帕潘德里欧都遵照他的指挥行事。你们两人都要尽可能地支持斯科比，任何能令其行动果断有力的想法，都应该予以建议。

祝一切顺利。

1944 年 12 月 5 日

*　　*　　*

希腊“人民民族解放军”迅速控制了雅典市除市中心以外的大部分地区，我军首先在市中心控制住他们，随后展开反攻。斯科比报告称：

斯科比将军致首相：

敌军与日俱增的活动和大范围的狙击行动使得昨天一整天的作战难以推进。到中午为止，我军看守的敌军俘虏共有三十五名军官和五百二十四名士兵，但不包括警察逮捕的人员，因为很难拿到确切数字。

第二十三旅一下午的逐户肃清活动取得了一些进展，而伞兵旅负责肃清市中心的另一部分地区。

潜入利昂托斯港以南地区的敌军对比雷埃夫斯海军大厦展开了猛烈狙击，军舰“猎户座”号上的海军陆战队不得不登陆增援。我军在一个地区遭到顽强抵抗，被迫撤退。

敌军从侧面攻击了希腊山地旅正在肃清的地区。尽管希腊山地旅已经控制了敌军，但这次袭击还是延缓了这支部队的肃清进程。

1944 年 12 月 8 日

这说明了我们当时的作战规模。

首相致威尔逊将军（意大利）：

1. 您应该立即向雅典加派援军。拉长战线危险重重。我警告过您这场冲突在政治上的极端重要性。至少应该再加派两个旅。

2. 此外，为什么海军不持续协助，而是只在危急时刻出动一小部分兵力？您曾保证过，说您已经派遣了足够的士兵了。

1944 年 12 月 9 日

首相致斯科比将军：

今晚新闻界盛传希腊“人民民族解放军”的和平提议。我们自然高兴此事能予以解决，但只要您的影响力还在，您就必须确保：我们不必出于仁慈，放弃我军已取得的或将会取得的战果。在我看来，现在的条件，如果比叛乱发生以前所达成的协议更加不令人满意，就不应该接受。而且很难想象，那些“民族解放阵线”的领袖们可以恢复内阁原职。但这点或许可以克服过去。重要的是要小心谨慎，缔结条约时应与我们商议。我们明确的目标是击败“民族解放阵线”。结束战争只是次要的。我正调派大批援军前往雅典，亚历山大元帅可能会在几天内与您碰面。现实的争端尚未解决，我们目前还需要坚定和清醒，而不是欣然接受。

您或利珀了解到的任何已达成的协议，都要提前告知我们。

1944 年 12 月 8 日

有关和平提议的答复如下：

斯科比将军致首相：

如果“人民民族解放军”提出任何和平协议，我们定会

立刻告知您，但是大使和我对此都不清楚。

我明白您提到的主要目标。若任一党派能够以私有军队为后盾来支持其政见，那希腊就永无和平和稳定之日。我希望战争能局限在雅典到比雷埃夫斯的范围内。但若必要，我已准备好在雅典其他地方一战到底。可惜不能用催泪弹，否则会对这个地方的战斗大有裨益。

您保证派遣大批援军前来支援，这令人感到很愉悦。我从盟军总部处获悉，第一个被派来的是第四师。

1944 年 12 月 10 日

* * *

对于当时英王陛下政府以及为首的我所受到的猛烈攻击，很多读者定会大吃一惊。当时大多数美国报纸强烈谴责我们的行动，指责我们背弃了他们参战的事业。如果所有这些出于好意的报社编辑们回顾自己写的东西，再比较一下现在的想法，我深信他们会感到惊讶。当时由斯退丁纽斯先生负责的美国国务院发表了一份极具批评性的声明，对这份东西，以后他们将感到后悔，或者至少改变了自己的看法。英国也忧虑重重。《泰晤士报》和《曼彻斯特卫报》谴责了我们所谓的反动政策。然而斯大林却严格且忠实地遵守我们的十月协定，《真理报》和《消息报》也不曾有过只言片语的谴责。

这在下议院也曾引起了很大的骚动。我欣然接受了一份对我们发起挑战的修正案。该修正案由理查德·艾克兰爵士（联邦党的领袖，也是该党在议会里的唯一议员）牵头并得到欣韦尔先生和安奈林·比万先生的支持。当时模棱两可的见解甚至愤怒盛行一时，这些人及其他有类似看法的人自以为是这股舆论的代表。如果没有联合政府那样稳固的基础，任何政府都可能土崩瓦解。但战时内阁却在一切风浪的冲击下稳如磐石。

回想起波兰、匈牙利和捷克几年后的遭遇，我们或许该感激命运

之神，在这种关键时刻赋予我们各党派果敢领袖以镇定和团结之力。篇幅有限，我只能援引12月8日就反对有关信任投票的修正案所做的演讲，内容如下：

> 请让我向议会说明针对我们的指责：我们正用英王陛下的军队解除希腊和欧洲其他地区的民主之友的武装，镇压那些曾经一同英勇抗击敌人的民众运动。这是一个直截了当的问题，也是议会在今晚散会前必须表态的一个问题。当然，如果英王陛下政府的军队正用于解除民主之友的武装，那么英王陛下的政府也就不值得信任了。
>
> 然而，问题在于（我们不妨加以思考），究竟谁是民主之友，如何解读“民主”一词？我认为那些平凡、卑微、有家室的普通民众才是民主的基石。他们在国难当头时为国而战，适时参与投票，在希望入选议会的候选人的选票上画十字。重要的是，他们做这些都无所畏惧，不受任何胁迫或欺瞒。在严格保密的情况下投票，之后由当选的代表开会决定建立何种政府，甚至在紧急时刻，决定自己期望的政体。如果这就是民主，我赞扬它，拥护它，愿意为之奋斗。我坚持基于普选的自由选举，这是我们认为的民主之基石。但是我对伪民主的感受截然相反。这种伪民主因自身是左翼便自封为民主。真正的民主需具备各种条件，不只是左翼。我不允许一个党派或团体自称为民主人士，因为他们最终会走向最极端的革命。我不接受任何代表民主的党派，因为数量减少就会让他们更加暴力。
>
> 我们必须尊重民主，不能随意使用这个词。与民主最不相干的是暴民政治，配备致命武器的匪徒，直逼大城市，夺取警察局和重要的政府机构，努力建立一种铁腕的极权统治，叫嚣一旦得势，像今日一样……（中间被打断）
>
> 很抱歉造成这种忧虑不安。我时间充裕，如果尊敬的反

对党议员有任何抗议，我可以把要说的再说久一点，尽管我对此深感遗憾。我说最不能代表民主的是暴民统治及其建立的极权统治。这种统治叫嚣要击毙那些在政治上碍手碍脚的人，清理那些据说在占领期间和德国人合作过的人。别对民主作如此低的评价，别把民主看作仅仅是窃取政权，击毙那些意见不合的人。这与民主是背道而驰的。

民主不是基于暴力或恐怖，而是基于理性、公平、自由和尊重他人权利。民主不是街头的荡妇，可以同携带手提冲锋枪的男人随便勾搭。我信任任何一国的广大人民群众，但我信任的是人民，而不是一群土匪。他们自以为可以凭借暴力推翻合法的政权，甚至是历史悠久的议会、政府或者国家。

我们走在一条艰难痛苦的路上。可怜的古老的英国！（或许我该说“可怜的古老的大不列颠!”）我们必须肩负起最费力不讨好的任务，期间受到各方的嘲笑、批评和反对。但至少我们知道我们的方向、目的地和目标。那就是，从德国的武装力量下解放这些国家，在正常的平静环境下举行自由的普选，决定国家的政府形式（除了法西斯制度），并决定政府是左倾还是右倾。

这就是我们的目的。有人却说我们试图解除民主之友的武装。因为我们不允许全副武装的游击队下山，用血腥恐怖和暴力手段在首都建立政权，有人就说我们是民主的叛徒。这样的说法我也要予以驳斥。我请求议会信任英王陛下政府，信任我们一次次度过危机直至胜利在望的志气，不听信此类妄言，而是予以应有的蔑视。

如果因这种行动受到谴责，我甘愿接受议会对我的撤职处分。但如果未被撤职，不要听错了，我们会一以贯之地清理雅典和雅典地区一切反抗希腊立宪政府法令的敌人，清理违抗地中海最高统帅命令的敌人，所有的游击队员曾自愿为其效劳。希望我已经阐明了我们的立场，因为这将对全世界

和战争大局产生影响，包括对英国政府的影响。

在投票的走廊里只有三十名议员对我们持反对意见，将近三百人投了信任票。下议院再一次展现出其经久不衰的实力和权威。

翌日我发了一份电报：

首相致利珀先生（雅典）：

不要对下议院各方的批评感到不满。我最清楚您所要应对的困难。我不屈服于转瞬即逝的呼声，将一如既往地支持那些大胆而准确地执行指示的人。和其他地方一样，我们在雅典的格言是：没有胜利，就没有和平。

1944年12月9日

*　*　*

毋庸置疑，当时美国舆论的感情宣泄和美国国务院的想法一度影响到了罗斯福总统及其亲信。现在，我在下议院发表的观点在美国学说和政策里已不足为奇，并且得到了联合国的赞许。但当时人们觉得过于新奇，令那些受旧观念束缚，在人类新潮中故步自封的人大为吃惊。但大体上总统是支持我的，霍普金斯还就此演说向我发来一封友好的电报。

哈利法克斯伯爵致首相：

哈里和詹姆斯·福雷斯特尔刚才来电，对您有关希腊的演说深表赞同，他们都认为会大有裨益，我相信他们是对的。

1944年12月8日

首相致哈里·霍普金斯先生：

您能喜欢我的演说让我感到很高兴。斯退丁纽斯的新闻

公报的最后一句话令我深感忧虑①。那句话似乎反映了我们在比利时的整个外交政策。我们在比利时依照您的命令行事。我们在希腊的行动已经在魁北克会议上得到一致认同。当然，在雅典拉长的"人民民族解放军"战线以及战况的惨烈状况让我深感担忧。

祝您一切顺利。

1944 年 12 月 9 日

同一天，发出如下电文：

1. 我希望您能告诉我们的好朋友，在雅典及其周边建立法律和秩序，对其将来接受一切宽大和安抚的措施是非常必要的。法律和秩序建立之后才会有谈判。我的指导原则是：没有胜利，就没有和平。但令我大失所望的是，我们满载着善意的礼物而来，只是渴望建立一个能掌握自己命运的统一希腊，却受到了"人民民族解放军"这样的袭击。但遭受攻击，我们就要自卫。我认为我们有权获得总统对我们政策的支持。如果希腊街头也传言美国反对我们，那将使更多英国人流血牺牲，而希腊人更甚。因为危险消除，派别涌现，此时团结尤为重要，但看到我们分道扬镳的迹象，我深感忧虑。

2. 以下仅限于您本人参考。别被昨天我们的大多数投票所误导。如果发布的是三条线的紧急出席命令，而不是两条的普通出席命令，我可以再多获八十票。这里的交通不便，

---

① 发表谈话的日子是 12 月 5 日，其内容如下：

国务院接到许多记者的询问，关于本届政府对于意大利最近的内阁危机抱什么立场。

本届政府一贯主张，除了有关重要军事因素的任命以外，意大利政府的组成纯粹是意大利人的事。本届政府绝对没有向意大利政府表示过反对斯福札伯爵。

由于意大利是一个共同负责的地区，我们已经向英国和意大利政府再次声明，我们期望意大利人遵循民主方式，自行解决他们的政府问题，而不受外来的影响。这个政策将更加明确适用于参加联合国的各国政府的解放地区。

议员们周五就想外出。谁不想呢？

祝一切顺利。

1944 年 12 月 9 日

尽管包围重重，敌众我寡，但英国军队仍在雅典市中心浴血奋战。我们逐户打击敌人，至少有五分之四的敌人身着便衣。不同于雅典的许多盟国记者，我们的军队对问题了如指掌。

帕潘德里欧及其余下部长们已经丧失一切权力。之前有关设立一个由大主教扎马斯基诺斯领导的摄政机构的提议，已遭到希腊国王的拒绝，但 12 月 10 日利珀先生再次旧事重提。然而国王乔治仍然不同意，那时我们又不愿强行使其应允。

亚历山大元帅和麦克米伦先生在这样的骚动中抵达雅典。12 月 11 日我们接到了他们一行人的第一份报告。我们所处困境比预期的还要糟糕。亚历山大在电报中说："英国军队实际上被围困于市中心。"通往机场的路不安全。比雷埃夫斯港不在我方的控制之下，所以船只无法卸货。城内作战的部队只有六天的口粮和三天的军火储备。他建议立即清除通往雅典的港口和道路，从意大利调来援军，建立供应站，并且"把哑铃的两端①紧密连接后，采取必要行动清理整个雅典和比雷埃夫斯"。对于利珀提出的任命大主教为摄政的提议，他也大力支持，同时他还要求严治敌军，轰炸雅典城内。

12 月 12 日，战时内阁让亚历山大全权负责一切军事行动。英军第四师在从意大利前往埃及的途中改道希腊，在当月下旬到达希腊后扭转了战况。我告诉亚历山大，希腊国王不会同意摄政的计划。没有人同意大主教来组织政府的建议。国内对这些事情的政治反应更清晰冷静。

---

① 指雅典和比雷埃夫斯。——译者注

* * *

此时发生了令人震惊的公文泄密事件。窃密者应记得我在 12 月 5 日凌晨四点五十分发给斯科比将军的那份电报。上面标注着："个人最高机密文件。首相致斯科比将军，抄送威尔逊将军。"当然是用密码发出的。几天后，一个美国专栏作家竟刊登出其副本。因此我们所有的函电往来都受到极大的威胁。

我在调查后知晓，凡经意大利威尔逊将军最高指挥部发出的电信都要传达给几个人，包括驻罗马的美国大使，除非是那些标有特别限制的电文。美国大使在读了我 5 日凌晨发给斯科比将军的电报后，就将内容报告了国务院。他完全有此权利，至于国务院收到他的汇报后的情形就不得而知，至少无从探悉。但是美国记者于 11 日将其公之于众，这在当时是一件相当棘手的爆炸性事件。恰巧工会代表大会要在伦敦召开。人们对于我们在希腊的政策当然有诸多忧虑，而左翼势力正蠢蠢欲动。我在给斯科比将军电报中的尖锐措辞遭到披露，可能会给人们留下不良印象。但工会代表大会并未提及此事，而且议会也没有予以重视。贝文先生代表战时内阁出席了大会，以其特有的忠诚和勇敢，捍卫和拥护我们在希腊的政策。他赢得全体出席人员的同情，让工会以压倒性的票数支持政府，这又一次证明了他在大事上具备坚定和负责的品质。

* * *

与此同时我收到了总统的一封言词殷切的电报。

罗斯福总统致首相：

您在希腊遭受的苦难、面临的焦虑和艰难的抉择，我都感同身受。在这件事情上，我把自己定位为一个忠实的朋友

和盟友，只希望给予一切可能的帮助。请您相信，我在陈述己见时牢记一点：在我们携手从事的伟大任务中，任何事情都无法动摇我们两国的团结和友谊。

尽管我亟欲帮助您，但受限于美国传统政策和国内高涨的反对声。您应该最清楚，不论是作为个人还是国家元首，我都得顾及公众情绪。所以在当前的希腊局势中，我国政府不可能采取相同的立场。即便如此，也只是暂时对你们有利，但从长远看会破坏我们的基本友谊。我无须告诉您，我很厌恶我们之间的这些事情。我只希望能得以改善，这样我们就可以一如既往地并肩前行。我知道，您肩负重任，全心全意地期望希腊问题得到圆满解决，尤其希望解决这个饱受苦难的国家的和平问题。无论何种解决办法，只要顾及我之前提到的那些情况，我就会全力支持您。我急于施以援手，现在就向您表达一下我的想法。

我知道您已派麦克米伦前去寻求解决方法，或许在您接到这个电报前他就能成功。当然我不知内情，离那里又远，但在我看来，“民族解放阵线”持此态度的一个基本原因——或许是一个借口——就在于不信任国王乔治二世。我想，如果国王本人赞成在希腊建立一个摄政机构，并公开声明，除非全民投票的要求，否则自己不回来，那么麦克米伦的工作是否会更容易？如果再保证，选举会在特定日子举行，不论多久之后，届时人们有权表达自己的意愿，那可能会事半功倍。

与此同时，在希腊的全国武装力量能够基于无党派建立起来，并配备齐全前，解除国内的一切武装力量，包括山地旅和神圣中队在内，只留下贵方部队去维持法律和秩序。能否就此达成共识？

我苦思冥想这个问题，希望您分享自己的想法和顾虑。

1944 年 12 月 13 日

但这份电报并没有给予我任何实质性的帮助。我回电如下：

首相致罗斯福总统：

1. 感谢友好的来电。过了周末，我会给出一个深思熟虑的答复。我希望目前稳步进军阿提卡的英国援军能让雅典的局面好转。撤退对我们很容易，但一旦如此，您就会意识到后果的严重性。那会是一场可怕的大屠杀。我的内阁中的各党派同事不打算去做有损我们历史和荣誉的事。欧内斯特·贝文在工会代表大会上的演说博得了一致尊重。残酷的战争迫在眉睫，甚至威胁到我方在雅典市中心的军队。根据斯退丁纽斯新闻公报的最后一句话，有人认为您是反对我们的，这正是我所担心的，因为这将加重我们的负担。我想我会在周日晚上向世界广播，表明我们纯洁无私的动机以及决心。

2. 我将希腊国王的来信也一并寄给您。我们向他建议过任命雅典大主教为摄政的政策，但遭到拒绝。因此如果我们执意如此，势必会破坏宪法。对于大主教，我一无所知，只知道我们在希腊的人员认为他可能会停止分裂或能够弥合鸿沟。

1944 年 12 月 14 日

* * *

同时，我很高兴收到下面这封电报，我非常看重史末资对此事的判断和直觉。

史末资元帅致首相：

对于希腊局势给您和内阁带来的不安和困难，我深表同情。昨天我在伊丽莎白港的发言中，极力支持英国政府的政策。我希望此电函已经简明扼要地传达出我的意见。各党派

的军队和地下活动依然方兴未艾，恐怕我们会发现希腊和欧洲其他地方的和平只会沦为社会动乱和无政府状态……我希望大主教行事会更果断。在现阶段，坚定最重要，对各党派的仁慈可能只会造成更不利的局面，演变成一场真正的内战。

坦白说，对于大使在希腊政府变动中担此重任，我不以为然，因为以后或许有人会以此为由，说您过分干预希腊事务。我自认为，当务之急是在镇压了“民族解放阵线”之后，希腊国王重新发挥其宪法职权，英王陛下政府不再插手希腊的管理。

1944 年 12 月 14 日

我还收到了希腊第三山地旅的来电。他们一直忠心耿耿，与我们并肩作战。电函中感谢我们为保卫其国家所做的努力，并痛惜英国人的流血牺牲。他们请我作名誉司令。

但是收到了霍普金斯的一个警告。

霍普金斯致首相：

希腊局势以及您在议会中有关美国和波兰的陈述令舆论一片哗然。

目前欧亚两洲的战事连接起来，而且每个人的全部精力需用于击败敌人。我承认，因为外交形势的转变，我感到极其不安。这些情况使人们的注意力转到我们的困难上来。

我不知道总统或斯退丁纽斯要公开说什么，但很可能他们二人，或其中一人会直言不讳地表达我们为自由和安全的世界而战的决心。我们的目标一致。

1944 年 12 月 16 日

首相致霍普金斯先生：

1. 我对您的来电深感苦恼和困惑。我希望您能来电，直

截了当地指出我们或我个人的错误，给出您的建议，因为我非常信任您的判断和我们的友谊，即便有时与我的观点截然不同。总统的所有来电都极为友善，鼓舞人心，斯大林也从他的来电中受益匪浅。

2. 对于美国方面的任何公开声明，但凡提及您电函中最后一句提到的目标，我都表示欢迎，因为那也是我们的目标。在这场战斗中我们并无私心。

1944 年 12 月 17 日

我也致电总统，给其许诺过的答复。

首相致罗斯福总统：

1. 关于希腊。目前的情况是，我们在那里的代表，麦克米伦和利珀都已强烈建议任命大主教为摄政。但这是帕潘德里欧政府所厌恶的，尽管有可能说服他们建立一个由大主教、普拉斯蒂拉斯将军和德拉古米斯三人组成的摄政机构。有人怀疑大主教有独揽大权的野心，并怀疑其会在“民族解放阵线”的拥护下，对付现任的部长们。对此我真假难辨。许多情况瞬息万变。建立一个只有一个人的摄政机构，是不是给希腊强加了一个独裁政权，对此我毫无把握。

2. 还有一事值得考量。国王拒绝任命摄政，这是铁板钉钉的事，当然更不可能任命自己不信任和畏惧的大主教单独摄政。按照希腊的宪法，国王不在位时，应由皇储担任摄政。国王曾表示，帕潘德里欧内阁的全体部长们都劝他不要这样做，而且作为一个立宪君主，他也不能对此事负责。

3. 战时内阁决定等待三四天，观察一下军事行动。我们的援军正火速赶来，而且英国总参谋部情报处表示，在雅典和比雷埃夫斯的“人民民族解放军”不会超过一万两千人。希腊国王的军队估计在一万五千到两万两千人。无论如何，

在下周，我们的人数会占上风。据现在的情报，在这样的情形之下，我不打算屈服于宪法的暴力。

4. 我们的当务之急是控制雅典和比雷埃夫斯。根据最新的报告，“人民民族解放军”可能会同意撤离。这样我们就有稳固的后方，在与希腊的交战党派谈判中寻求一个最好的解决办法。当然我们必须规定解除游击队的武装。但那支夺取里米尼的希腊山地旅以及同英美两军并肩作战的神圣中队如果被解除武装，将会大大削弱我军的实力，我们无论如何都不能丢下他们，让他们任人宰割。若要解决，我们只能将其转移。

5. 我深信您不愿我们在此时丢下这个吃力不讨好的任务。我们是在您同意之后才担此重任。我们不贪图希腊的任何东西，只是在共同的事业中尽职罢了。我们运送食品和救济品，为一个没有武装力量的政府维持秩序；在这一过程中，我们已经卷入这场旋涡，尽管还没有太多流血牺牲。您未对我们的行动做任何辩解，我大为触动，但也了解您的难处。

6. 同时战时内阁是团结的，部长们同意贝文先生在工会大会上的发言，以二百四十五万五千对十三万七千的票数，就此事拥护政府的立场。我相信无论何时，我在下议院中都能得到十对一的票数。

我坚信您会鼎力相助。我会随时告知您情况。

1944 年 12 月 17 日

*　*　*

美国喋喋不休地谈论我们在希腊的政策，加拿大的麦肯齐·金先生也对此感到不悦。

首相致加拿大总理：

我在议会已竭力澄清我们的立场。我想，重要的是，在获得了包括“民族解放阵线”在内的各党派的书面同意后，希腊首相才请英军进入希腊以维持秩序和保障供给。我们接受了这个邀请，并且必须竭尽全力。这种任务吃力不讨好，但为了荣誉，我们不能逃避责任。双方的怒火在雅典燃烧着，局势势必异常艰难。但是亚历山大的造访意义非凡，而且就整个局势来看，最近的报告更是鼓舞人心。

1944 年 12 月 15 日

我也把 8 月期间同总统的往来电函发给了麦肯齐·金，并让他留意已经公之于众的卡塞塔协议。我告诉他，斯大林口头上同意我们进入希腊，解放雅典。我总结说：“直到现在，斯大林仍未对我们的行动有过任何公开的非难。”

麦肯齐·金先生尊重这些事实、理由和呼吁，便不再公开反对。

回顾时隔几年的往事，令人奇怪的是，现在的事实已经证明了我和同僚们顽强抗争的政策是完全正确的。我们没有完成希腊的收尾工作。但是没想到，1944 年底，美国国务院赢得了压倒性的舆论支持，不但采取了我们最先采取的行动方针，而且竭尽全力，甚至采取了军事行动，达成目的。

希腊能免遭厄运，今天以一个自由的国家存活下来，不仅是因为 1944 年英国的行动，还因为英语国家矢志不渝的努力。

第九章

NINE

雅典的圣诞节

雅典巷战——我对摄政的疑虑——英国军舰“埃阿斯”号上的圣诞夜——写给丘吉尔夫人的一份电报——一项棘手的任务——希腊国王的公告——雷金纳德·利珀爵士的评价——史末资的忠告——抵抗结束

雅典的巷战愈演愈烈，时进时退。12 月 15 日陆军元帅亚历山大告诫我，速战速决至关重要，通过大主教解决是最佳途径。他在电报上说：“如果敌对分子仍像现在这样负隅顽抗，恐怕我得从意大利前线抽调大批援军，才能肃清雅典—比雷埃夫斯地区的敌人，该区有五十平方英里的住宅区。”

首相致亚历山大元帅（意大利）：

1. 我认为“人民民族解放军”逼近雅典市中心区是非常危险的。因此我想征求您的意见：随着援军的陆续抵达，我们能否坚守住市中心并击败敌人？除了第四师、坦克团和第四十六师剩余的两个旅外，您还能想到其他援军吗？现困于雅典城内的英军有集体投降的危险吗？支持我们的希腊人会不会在投降后惨遭大屠杀？战时内阁想要您汇报这方面的军事情况。

2. 我们无意征服或占领希腊。我们的目标是奠定一个基础，使一个阶层广泛的希腊政府能在此基础上发挥作用，并建立一支全国性的军队，使其能在阿提卡生存下去。目标达成后，我们就撤离，因为我们只是为了感情和荣誉。

3. 希腊国王在一封思维缜密的长信中断然拒绝任命摄政，尤其是任命大主教，因为他本人信不过大主教。我们还没决定是否要或者怎样赢得国王的首肯。如果仍然无法得到首肯，就不能依靠宪法，只能诉诸武力，这样我们就会深陷其中。如果首相和政府劝国王不要任命摄政，事情会变得更复杂（之后会证明这一点，也正如国王断言的那样）。在这种情况下，我们不能因为国王遵守宪法的誓言而惩罚他，擅自拥立一个独裁者。所以内阁决定先看看进一步发展情况再作最后的重大决定。

4. 我个人觉得我们在谈判之前应该在军事上确立优势，无论如何，我只想在有利的条件下谈判。当然如果您说，我们在一定时间内无法控制阿提卡，形势就会日益严峻，但我们已经克服其他困难，不该退却。

1944 年 12 月 17 日

两天后，我又致电：

首相致亚历山大元帅（意大利）：

内阁认为与其在大主教身上孤注一掷，不如继续展开军事行动，肃清雅典和阿提卡的敌人。您查过他的详细履历吗？为了扶持一个很可能会偏袒极左翼分子的独裁者，让我不顾英国的压力，依照部长们的建议摒弃宪法设立的国王，对我来说太难了。我们还要在这里等局势明朗一些再做出必要的指示。

1944 年 12 月 19 日

亚历山大的答复很严肃，彼时他已经接替威尔逊将军担任最高司令。

亚历山大元帅致首相：

在答复您12月19日的来电时，我最想让您知道真实的局势以及我们能做和不能做的事。这是我的职责。您会了解英军在希腊的实力，并且在形势所迫之下，我能从意大利前线调派多少援军。

如果"人民民族解放军"继续反抗，估计我们可以肃清雅典—比雷埃夫斯地区的敌人，并守住它。但并不能完全击败他们，迫使其投降。我们的实力还办不到，也无法在希腊大规模作战。在德军占领期间，他们在希腊驻有六到七个师，另外在希腊诸岛上有接近四个师的兵力。即便如此，德军还是不能一直保持交通线的畅通，我怀疑我们所抗衡的敌军的实力和决心是否会弱于德军遇到的。

需密切留意德军在意大利前线的动向。西线的战况以及对阵美国第五集团军的纳粹第十六党卫师的销声匿迹都非比寻常，我们必须加以防范。我提到这些因素，是为了让您更了解军事形势，同时还强调我的看法：希腊问题不能用军事手段解决，而得用政治手段。

最后，我希望您明白，您可以完全信赖我，我会竭尽全力，如您所愿地执行一切。但是我殷切地希望您在希腊问题上能找到一个政治解决办法，因为我深信在肃清雅典—比雷埃夫斯地区的敌人后，我们无法进一步展开军事行动。

1944年12月21日

我的答复如下：

首相致亚历山大元帅（意大利）：

1. 我们不可能在雅典—比雷埃夫斯地区以外展开军事行动。但是我们必须要在此地奠定一个军事基础，这样任何形式的希腊政府都能发挥作用。我个人对大主教疑虑重重，他

很可能成为一个受左翼拥护的独裁者。不过，这些怀疑可能几天后就会消除，同时我还希望能在这几天内控制阿提卡，肃清希腊境内的敌人。

2. 此后，我们无意留在希腊，除了在某些特定的时期，可能有必要帮助新政府（无论何种新政府）建立一支全国性的军队或民团，以便能指导选举及全民投票等事宜。如果在软弱和失败的基础上进行谈判，我们就不能达成政治解决方案。在目前的形势下只有取得胜利才能进入政治领域。

1944 年 12 月 22 日

我告知史末资元帅我对希腊事情的看法。

首相致史末资元帅：

希腊是造成我诸多烦恼的源泉，我们的确在朋友的地盘受到创伤。全世界的左翼势力都借此机会博取同情，我们在希腊的声誉和威望在一定程度上受到美国媒体的玷污。希腊国王重返国内，不会为英国政策奠定基础。但人们会以为我们使用武力迫使国王回到国内，因此我们必须不惜一切代价避免人们产生这样的误解。

我对摄政疑虑颇多，因为这很可能会成为一种独裁。我不能说它会成为一个左派的独裁政权，因为我对大主教不甚了解。所有的左派势力和我们在当地的人员都支持摄政。当然亚历山大全身心投入北线，极其厌恶整个希腊事务。因此，我预见这些地区极大地威胁着世界，但除了给政府施重压，以及和美国争论外，我无力做任何有效的事情。我希望几天后可以看到阿提卡的军事行动有所进展，让局势好转。同时我们的援军即将赶来，这样我们在人数上就超过了“人民民族解放军”。但形势仍不容乐观。

1944 年 12 月 22 日

*　　*　　*

两天后我决定亲自前去一探究竟。

12 月 24 日，圣诞节前夕，我们举行了一个家庭和儿童的派对。总统送给我们一棵圣诞树，我们都期盼着度过一个欢乐的夜晚。也许是因为一直笼罩在黑暗的阴影中，所以这一夜显得格外明亮。但是读完电报后，我认为我应该飞往雅典，亲自看看当地的局势，特别是去认识一下大主教，毕竟许多事情都依赖于他。因此，我打电话叫人当晚在诺索尔特机场安排好一架飞机。我提议让艾登先生与我一同前往，他欣然应允，就这样他的平安夜也泡汤了。家人因我离席而加以责怪，之后我就乘车到诺索尔特机场和艾登会合。阿诺德将军最近拨给我的一架“空中霸王”式飞机已在等候，照顾周到，效率极高。我们一直睡到圣诞节早上八点钟左右才抵达那不勒斯，并在那里补充燃料。那里有几个将军，他们有的和我们一起吃早餐，有的在邻桌上吃。早餐时间是我一天之中非常糟糕的时候，从意大利前线和雅典传来的消息令人沮丧。一小时后我们又起飞了。天气良好，我们飞过了伯罗奔尼撒和科林斯海峡。雅典和比雷埃夫斯就像一幅巨大的地图在我们下方铺展开来，我们注视着，思考着是谁控制着这些地方。

大约中午，我们抵达卡拉梅基机场。大约两千名英国空军守卫在那里，个个全副武装，精气十足。亚历山大元帅、利珀先生和麦克米伦先生都在。他们登上飞机，与我们就整个军事和政治局势热烈地讨论了近三个小时。最后我们达成一致，同意立即采取措施。

我和随行人员打算睡在停泊于比雷埃夫斯港外海面上的“埃阿斯”号军舰上。这艘军舰是距今甚久的拉普拉塔河口战役中著名的轻巡洋舰。沿途很平静，有几辆装甲车护送着，我们安全地行驶了几英里。在夜幕降临之前，我们登上了“埃阿斯”号。船员们已经做好一切准备，欢度节日之夜，我们当然尽量不去打搅他们。

海员们计划让十二个人穿上各种服饰，装扮成为中国人、黑人、

印第安人、伦敦人、小丑。大家都为将校和准尉们唱着夜曲，通常以此拉开欢宴的序幕。大主教及其随从抵达——他身材挺拔，长袍和高帽都凸显其在希腊教会中的高贵身份。两拨人碰面了。海员们以为他是来表演节目的，因为他们事前并未得到通知。所以都围着他热舞。大主教以为这群穿着五颜六色衣服的小丑是存心侮辱他，若不是舰长及时赶来，他们恐怕已经上岸离去。舰长开始有点窘迫，但还是把事情解释清楚，让人满意。与此同时，我在等着，想着不知出了什么事。但最后都皆大欢喜。

*　*　*

我将我们讨论的各种问题呈报给了战时内阁。

首相（雅典）致副首相及其他人员：

1. 一到雅典机场，外交大臣与我就同亚历山大元帅、麦克米伦先生和利珀先生进行了会谈。

2. 陆军元帅亚历山大描述了当前的军事形势，鼓舞人心。而两周前的形势还是很严峻的，但现在已经好转。但他已经坚定地认为，“人民民族解放军”远比我们想象的强大，我们很难将其完全消灭。即便我们能把“人民民族解放军”驱逐出雅典，也难以将其一并消灭。

3. 麦克米伦先生和利珀先生跟我们说，他们一直在考虑把所有的政治领袖召集来展开会谈，包括“人民民族解放军”。我们觉得这样的会谈目的很明确，就是要终止希腊的自相残杀，即便“人民民族解放军”拒绝参加，也能让我们的意图大白于世。我们也同意由大主教来担任会议主席，这会是个好办法。我们在会面时（在飞机上）起草了一个公开声明。麦克米伦先生和利珀先生打算将其呈给希腊首相和大主教，声明的原文我已发电报给你们。

4. 尽管我们愿意给予这个会议任何帮助，但仍期望它能很快成为希腊人内部的一个会议。在向大主教提及此事时，我们已事先得到消息，大主教同意参与其中。大体来说，我觉得他非常可靠。仪表堂堂的他立刻接受了担任这次会议主席的提议。我们正邀请美国和苏联在雅典的代表们以观察员的身份来列席。会议定于12月26日下午四点。

5. 应我的请求，大主教会把这次会议议程的提案发给我。我无法断言会议的结果。我们目前听到的一切都证实了目前的局势。如果希腊人民有机会的话，他们投票的结果是毋庸置疑的。我们必须努力使他们拥有投票的机会。如果“人民民族解放军”明天出席会议，我们就在会面后将后续报告发给你们。

1944年12月26日

当然，我也会将情况告知美国总统。

首相致罗斯福总统：

我和安东尼出国看看我们能为希腊的这团乱局做些什么，此行的底线是：国王要在全民投信任票后才会回国。此外，我们不能抛弃那些为我们的事业与我们并肩作战的人，如有必要，必须与他们共同战斗直到胜利。人们必须明确一点：一直以来我们对希腊别无所求，无论是领土还是利益。我们付出甚多，只要力所能及，我们会付出更多。我指望您能在这个举步维艰的时候帮忙。我特别想让您通知驻雅典的美国大使与我们保持联系，并在上述的原则上竭尽所能。

1944年12月26日

翌日收到了他的回电。

罗斯福总统致首相：

我已让大使尽快去拜访您，也打算在局势艰难的时刻竭尽所能地帮助你们。

我希望您到达那里后，能圆满解决一切问题。

1944 年 12 月 27 日

* * *

26 日“馈赠日”① 的早晨，我起身前往大使馆。我记得在即将上岸的时候，从左边一英里外的地方飞来三四枚炮弹，在“埃阿斯”号附近掀起许多水柱。有一辆装甲车和武装护卫队等着我们。我对私人秘书乔克·科尔维尔说：“您的手枪呢？”他说没有，我责备了他，因为我要求他必须随身携带。隔了一会儿，我们挤进钢制车厢里的时候，他说：“我带了一支汤姆冲锋枪。”我问道：“您从哪儿弄来的？”他答道：“我从司机那儿借来的。”我又问：“那他怎么办？”“他这会儿忙着开车。”我又问道：“一有麻烦，我们就得停车，到时候他怎么办？”乔克没有作声。记一过！我们一路安全无虞地抵达了大使馆。

我在那儿又和大主教会了面。我们在他身上孤注一掷。他同意我们所有的提议。我们整个下午都在设计即将要举行的会议的程序。我已深信他是希腊混乱局面中的杰出人物。除此之外，我还得知他在进入希腊正教教会前曾是一个角力选手。利珀先生曾留意到我说过这句话：“大主教阁下担任摄政后，接手任何新任务都可能妨碍您的宗教职务，一想到这一点，我便烦恼不安。”他信誓旦旦地向我保证。

12 月 26 日傍晚六点左右，会议在希腊外交部办公室召开。夜幕降临后，我们坐在一间宽敞而阴冷的房间里。雅典的冬天很冷，室内没有取暖设备，只有几盏风灯发出微弱的光。我和艾登先生坐在大主教的右边，亚历山大元帅坐在左边。美国大使麦克维先生、法国公使

① 即圣诞节的次日，英国风俗于当天赠送礼品给邮递员及送货员等。——译者注

巴朗先生和苏联的军事代表都应允出席。三位领袖迟到了，但不是他们的过失，前哨战的争吵拖住了他们。半小时后，我们开始了。他们进来的时候我已经开始讲话。他们都穿着英国式的军服，英姿飒爽。我在演讲中说道：

> 昨天来到这里，我们认为坐下来谈谈是件好事。共同努力让希腊取胜，而且现在就动手是再好不过了。所以，我们跟帕潘德里欧首相谈了一下……我们向他提议召开这样的一个会议。尽管比利时和德国边境战事激烈，但我和艾登先生不畏艰险地赶来，是想要把希腊从悲惨的命运中拯救出来。帕潘德里欧先生立刻表示，他欢迎这样的一个会议，所以现在大家聚集于此，在这里还随时能听到不远处传来的枪炮声。英国方面的下一步计划是邀请大主教担任此次希腊会议的主席。我们无意妨碍此次讨论。我们和其他联合的胜利国的代表们将让你们希腊人在这个最卓越和最可敬的公民的领导下，自行讨论。我们不会打扰你们，除非你们再请我们来。我们可以等一会，但在这个疾风骤雨的世界里还有很多任务等着我们去完成。但是，我希望，今天上午在雅典召开的这次会议，能使希腊在同盟国和全世界爱好和平的人民心中重新恢复声誉、获得力量，保障希腊国境不受北方的任何威胁，让每一个希腊人在全世界面前充分发挥个人和国家的力量。此刻所有的目光聚焦于此次会议，我们相信，无论激战中发生了什么，有什么样的误解，都会保持希腊跟大不列颠的传统友谊，这份友谊在希腊独立期间发挥了巨大作用。

亚历山大元帅用犀利的措辞补充道，希腊军队应该在意大利作战，而不是在希腊与英国军队作战。

我们之间的关系已经破冰，曾经自相残杀的希腊人在大主教的主持下坐在一起谈判。在正式演讲完毕后，在场的英国人就离席了。

*　*　*

返回大使馆时我内心十分高兴。访问期间，大使馆从总司令部借来了油炉子。因圣诞节未与妻子团聚，我深感抱歉，于是在等待会议消息和晚餐的时候，给妻子发了一封电报：

首相致夫人：

1. 我们这一天收获良多，到目前为止，还是有希望取得一些重要成果的。英国军舰“埃阿斯”号非常舒适，可近距离地观察北比雷埃夫斯的战况。但因为很多迫击炮弹都落在我们附近，我们不得不后退一英里。我乘坐护卫严密的装甲车，沿着从比雷埃夫斯到雅典的漫长公路前往大使馆，并向大使馆内全体勇敢的女同胞讲话，她们几周来一直都处在危险重重的环境下，但心情愉悦。她们受到了利珀夫人的鼓舞。

2. 您已经看到在大布列塔尼旅馆内意图爆炸总部的消息。我觉得应该不是冲我来的。但是，敌方在得知我前往的消息后到天亮的这段时间，技术娴熟的人用德国机械设备将一吨炸药放在了阴沟内。我和大主教成了朋友，我认为将他牵入其中是明智的做法。宪法问题留待以后再处理。

3. 希腊外交部的会议极具戏剧性。所有面容憔悴的希腊人围桌而坐，我们请来主持会议的大主教，算上高帽的话，我估计他有七英尺高。美国、苏联和法国的大使们全都欣然出席。您一定能在无线电中听到他们的演说，或在周三的报纸上看到他们。“人民民族解放军”来的三个人迟到了。希腊政府提议，对我们的到来表示感谢，还说了许多恭维的话，而且得到了“人民民族解放军”代表的附议。他们谈到大不列颠的时候称为“我们的伟大盟国”——而不久前双方还在激战。

4. 经过一番思量后，我与“人民民族解放军”代表握了手，从他们的反应看，显然对此非常满意。他们都是领袖人物。这是一场希腊人的剧，所以我们现在让他们聚在一起，但可能随时散场。必要的话我们会等上一两天。至少我们已经尽力了。

1944 年 12 月 26 日

* * *

希腊各党派一直激烈讨论到翌日。那天傍晚五点半，我和大主教进行了最后讨论。他与“人民民族解放军”代表会谈的结果就是，由我出面去请求希腊国王任命他为摄政。我们负责全力作战，直至“人民民族解放军”接受停战或者完全将其从雅典地区清除。我告诉他，我们不能在雅典和阿提卡以外的地区作战，但会尽力让英国军队留在希腊，直至希腊组建全国性的军队。

翌日早晨，艾登先生和我乘飞机前往那不勒斯和伦敦。我出发前没机会和帕潘德里欧先生告别。他即将离职，是整个事件中的大输家。我让大使与他保持友好的联络。

我给参谋长委员会发去一封电报，内容如下：

首相（雅典）致伊斯梅将军，转帝国总参谋长及参谋长委员会：

1. 我很清楚，如果我们不能尽快，也就是在两三周内让局势明朗好转，雅典会发生巨变，影响我们在世界上的地位。亚历山大表示，需要从第四十六师调来两个旅，目前已经奉命待发；另一方面，亚平宁西部的军事形势严峻，严重削弱第十五集团军的后备队可能会酿成大祸。

2. 基于这些情况，我希望你们予以考虑，并在我回来后做好与我商讨的准备，将第五师的先头旅按照预定日程从巴勒斯坦开往意大利，之后再将第四师改调到希腊去。如果我们明天，也就是周四就能得到答复，就会更方便行事。我在午夜后才离开卡塞塔。这当然就意味着，在周边局势缓和前，不能在巴勒斯坦实施暴力，激怒犹太人，比如大规模地收缴武器。

1944 年 12 月 28 日

因为之前收到了罗斯福总统的亲切询问，所以在即将飞离雅典时，我又给他回电：

首相（雅典）致罗斯福总统：

1. 来电让我在诸多艰难险阻中颇受鼓舞，深表谢意。麦克维大使昨天打电话给我，我们又接着上次的谈话聊了起来。和这里的所有人一样，他也深信，此刻的唯一出路就是建立一个大主教领导下的摄政机构。我和大主教接触过几次，他展现出的权力感、果敢及敏锐的政治判断力，令我印象深刻。您不能指望我在电函中谈论他的精神品质，因为我真的没有充分的机会去衡量。

2. 您从别处获悉有关此次希腊会议的详情，会议上一致主张建立一个摄政机构，“民族解放阵线”对此大力支持，但是我认为大主教绝不是左翼势力。相反他似乎是个当机立断的人，一心要在希腊建立一个小而强大的行政机构来终止内战。

3. 因此，我和安东尼回国敦促希腊国王任命大主教为摄政。如果国王同意，那大主教将成立一个由十来个“满怀善意”的人组成的政府。我猜想他会让普拉斯蒂拉斯出任首相，而不是帕潘德里欧。当然这些事情现在都还只是臆测，我无法预测更多。

4. 一回国，我们就会建议那些在此事上与我们意见一致的同僚，要步步紧逼希腊国王，让其接受首相帕潘德里欧先生的建议。虽然帕潘德里欧先生的主张一日三变，但现在已经允诺发一份亲拟的电报。

5. 如果麦克维大使报告的这些事与我所说的一致，那么我殷切地希望您能在几天后，发一份电报给希腊国王，表明对我们所提建议的支持，我们应将之告知于您。我的想法是，摄政仅为期一年，或一直延续到在所谓“正常平静”的条件下举行全民投票之际。

大主教已让我全权负责此事，这样我便能以最佳的方式向国王提及此事。当然，如果在克服这些困难并且大主教成为摄政之后，您能给国王发电支持我们，我们的任务会变得更加简单。总统先生，我们已经损失了上千人，尽管雅典大部分地区的敌人已经肃清，但这里此起彼伏的巷战仍然惨不忍睹。可怜的人民生活贫苦，大多依靠我们冒着生命危险在各仓库发放的口粮度日。待时机成熟，您发表的任何支持这个新计划的言论都弥足珍贵，并且可能促使“人民民族解放军”接受斯科比将军提出的停战条件。至于其他方面，我们正在增加必要的救援，战争还会继续。大多数人民渴望一个解决办法，让其脱离恐怖统治。

6. 在期盼已久的会晤召开之际，我们必须考虑一个可供研究的临时安排。这一天不远了。届时可以将我们的意见和行动联系起来。同时，我们别无选择，只能建议成立一个由大主教摄政的更强大的新政府，由大主教当摄政。我们还得继续肩负咨询的重任，即把逼近希腊的那些危险、强大、组织有序、指导有方的敌人驱逐出去。周五早上回去后，如能回电，不胜感激。

1944 年 12 月 28 日

*　*　*

12 月 29 日回到伦敦后，我又给罗斯福总统发了一封电报。

1. 怀南特大使已把您发给希腊国王的电报副本发给了我。您行动果断，我们深表感激。我和安东尼刚刚回国。战时内阁已经批准我们的所有行动，并授权我们今晚敦促希腊国王任命大主教为摄政。大主教允许我去和国王商讨摄政任期，没有诸多限制。

2. 如果国王不同意，英王陛下政府会建议大主教出任摄政机构官员，并向他保证，我们会承认他的地位及其组建的政府为希腊政府。

当晚我又给罗斯福总统发去更确切的消息。

首相致罗斯福总统：

安东尼与我同国王一直谈到今日凌晨四点三十分，最后，国王同意如下公告。我已将其发给雅典的利珀大使，以便大主教立即着手处理。公告正在翻译成希腊语。我会第一时间将译本的副本发给您。

这对我来说是一项吃力的任务。我不得不告诉国王，如果他不同意，此事也能解决，我们会承认新政府而不承认他。我希望您能尽全力支持和鼓励大主教及其新政府。

1944 年 12 月 30 日

公告如下：

我，希腊国王乔治二世，深念我挚爱的人民，在这个战

乱的局势下，处境艰难。我已决定，没有全国自由和公正的民意的召唤，绝不会返回希腊。我非常信任你们的忠诚和奉献。我在此任命，大主教扎马斯基诺斯在这个紧急时期担任摄政。我授权，并要求您竭尽全力恢复整个王国境内的秩序和安宁。我还希望，等风浪过去后让希腊人民通过民主政府自由表达愿望，以此缓解我所热爱的国家遭受的一切痛彻心扉的苦难。

我马上就将这份王室的公告发给驻雅典的利珀先生，并表示收到此份公告之际，大主教就可行使一切职权，同时获得英国政府的全力支持。

罗斯福总统当天回电道："获悉您平安归国，我很欣慰。愿您圆满解决希腊问题，您的希腊之行看来卓有成效。"

我回电道：

首相致罗斯福总统：

希腊国王的行为颇具风范和无上的尊严。我深信您的私人电报会令他深感慰藉。我只会象征性地答谢"人民民族解放军"寄给我的那封公开信，并把此事交予大主教处理。显然现在都是他的事了。

我军在西线的大战似乎已取得优势，我仍然认为龙德施泰特的反击缩短了战线，而不是延长了战线。

利珀先生（现已是利珀爵士，荣获英帝国大十字勋章、圣迈克尔和圣乔治大十字勋章）在记述这有关事件的《当希腊人和希腊人相遇》一书中评论道：

国王公告批准的会议达成的一致主张直接源于丘吉尔先生的到访。英国人试图把希腊国王强加于人民头上的谣言也

不攻自破。就因为这个，丘吉尔先生到访雅典也是值得的。若不是他的自觉意识驱使他前往纷争不断的雅典，我很怀疑是否有别的影响力可以把各方齐聚，向国王建议摄政机构。

在12月30日，“人民民族解放军”发了份电报给我，宣称已经接受了斯科比将军提出的一切停战条件。这是假的，所以斯科比将军坚持要求其正式接受他的条件。

大主教回复国王，接受任命出任摄政。这是一个崭新的、生气勃勃的希腊政府。普拉斯蒂拉斯将军将于1月3日出任首相。这名激进的共和党曾在1922年领导军队反抗康斯坦丁国王。

* * *

我也接受了史末资元帅的一些明智建议。

史末资元帅致首相及外交大臣：

我们密切关注您一行人的雅典之行，但感到惴惴不安。此行对世界舆论产生了深远而有益的影响。媒体报道歪曲了希腊的真实情况。虽然这不是真的，但整个世界做出的反应对我们极为不利。我建议，现在将希腊的真实情况公之于众，这样世界就会看到，作为朋友和同盟的英国别无选择。应该曝光希腊人民所遭受的苦难，财产被炸毁，还被无情地勒索、逮捕。您的勇敢之行随即会向世人展现完整、真实的情况，彻底扭转舆论导向。我们在伦敦和雅典的情报和新闻机构现在应公布所掌握的事实。

1944年12月30日

我们部队自身并未抱有什么幻想。亚历山大曾把对士兵家信的检查报告发给了我。我读过后大为震动，所以将其打印，并分发给战时

内阁。

*　*　*

雅典自1944年12月以来一直坚持战斗，最终将敌军驱逐出去。到了1945年1月中旬，英国军队完全控制了阿提卡。“人民民族解放军”全部都将撤出雅典、萨洛尼卡和帕特雷。我们将会给伯罗奔尼撒的那部分军队发放通行证，准其回家。英国军队将停止开火，继续守护，释放双方的战俘。所有这些都将在15日生效。

这样，为期六周的雅典争夺战告终。彼时三百万人在西线的两边作战，大批美军在太平洋上与日军对阵，希腊的突发事变可能看起来微不足道，但这些士兵却站在了西方世界的权力、法律和自由的中心。

附录（1）

首相发出的指示、备忘录和电报

1944 年 12 月

首相致外交大臣：

第一，先确保法国人手握武器；第二，尽快提高武器质量和增加武器类型。我不明白，计划未来两三年内用缴获的德军武器来武装几个法国师怎么会影响计划着手解除德国武装、拆毁德国军火工厂的一般事务？目前武器短缺，只能先使用一批德国武器，等拥有了更好、更合适的武器再逐渐淘汰德国武器。您的提议是建立在我们尚未达到的基础上的。这就如同说："别拿德国手枪去枪杀德国人，先让他杀了您，等过几年我们研发出了一种科学的、完全合适的武器时，您再从坟墓里出来杀了他。"

1944 年 12 月 2 日

首相致海军大臣、陆军大臣、空军大臣及伊斯梅将军，转帝国总参谋长和参谋长委员会（并转告劳工大臣）：

听闻第五十师即将面临裁并，我倍感痛心。值此战争之际，我们不能冒险减少西线兵力。我们必须想想其他的可行办法。比如，我们现在拥有将近八万人的皇家海军陆战队。如果船只需要开往远东，当然需要他们护航；但如果海运未受日本人干扰，那就没有必要安排他们护航。海军部应撰写报告说明所有陆战队的准确位置，他们在哪条船上，这些船只预计开往哪个战区，有多少陆战队在岸上，有多少人在接受训练等。我估计，仅从这个军种就能抽调出至少一万人。这些人都可调去法国和意大利服役。第五十师可把三个旅缩减成两个，添加一个皇家海军陆战旅，其余陆战队则纳入预备队中，或将全部陆战队都纳入预备队。

另外，请汇报你们今后六个月内预计招收多少海军，新兵训练学校有多少职工和学生。我认为，至少应该调派五千名愿意接受海军训练的在校学生转往陆军。

对德战争可能在六个月后就要结束，届时我们再重新考虑这些事情。但此时，我们的战场需要拥有最大数目的英国军队。

我知道目前皇家空军的任务比海军还要繁重，但尽管如此，我依然要求皇家空军从联队抽调出一批人员来补充预备队。

同时，我们在这几个月里应果断招募一些年轻小伙。不过，议会曾承诺保护这些人群，所以我准备随时以国防大臣的名义请求议会为我们解除一些义务。

作战官兵应挑选一些身强力壮的人。我们希望卡塞塔总部能抽调出几千人。陆军的每个训练所或特别机构都要进行核查，不仅要考虑缩小规模，也要注意更换年老或受伤的士兵。士兵们身穿皇家制服，但是真正听到过枪声的人，恐怕还不到四分之一或五分之一，这实在令人痛心。大多数士兵身居安全之地，鲜少冒险，比英格兰南部的百姓还安全。详述这些令人不快的信息，实乃我的职责所在。有一批人反反复复地被派往前线，而这里大多数人却被隔离在战场之外，只能遗憾地观望。

此刻欧洲陆军战线正在竭力奋战，因此我请求三军部门的顾问及其议会负责人尽其所能地满足国家需要。

最后，第五十师的拆解问题必须暂停，除非我们对上述各点进行了讨论，并且战时内阁已经做出了决定。

1944 年 12 月 3 日

首相致陆军大臣：

我计划周二向国王汇报此事（西线一位军官来信抱怨奖励发放迟缓，尤其是“即刻”奖励），但我想先听听您的意见。听闻有些人死前几个月已获得勋章，但是直到临终都没有拿到奖章，这实在令我愤慨不已。我根本不需要调查这封信是谁写的或来自哪个团，反正我负责到底。

1944 年 12 月 3 日

首相致外交大臣：

我要把此事记录存档。瑞士是所有中立国中最棒的国家，它是我们与世界其他国家联系起来的中间桥梁。无论它能否给予我们商业便利，也不管它是否为了生存给予了德国更多便利，这些都有什么关系呢？它以群山为屏障，一直民主治国，主张自由。尽管种族不同，但是思想基本与我们一致。

看到约大叔极度不待见它，我感到很意外。虽然我很敬重这位伟人，但我完全不受他的态度影响。他称他们为“蠢货”，这样的语言必定别有用意。我确信我们应该支持瑞士，不过我们应该向约大叔解释一下我们的作为。这样的电报应该找个恰当的时机发出去……

1944 年 12 月 3 日

首相致财政大臣：

我希望您能再次召集一次人力委员会议（包括您、贝文先生、利特尔顿先生和彻韦尔勋爵），主要根据劳工大臣和国民兵役处的备忘录（预测 1945 年人力情况和 1945 年三军和其他部门的人力需求），商讨 1945 年上半年三军和工业的人力分配问题，并拟写一份提议书呈交给战时内阁。

即将面临的一个问题是，我们是否需要从海军部和空军部抽调大量兵力来解决陆军部兵力不足的难题。当然了，此事的决定权仍在内阁，但如果委员会能够一边着手撰写新兵招募的提议书，一边商讨此

事，那内阁将感激不尽。

委员会的计划必须基于对德战争约于 1945 年 6 月底结束这个假设上，但要有相当的灵活性以便随时调整，万一对德战争结束之日有所改变，也不至于过分影响战争进程。

1944 年 12 月 11 日

首相致外交大臣：

我认为（这封写给佛朗哥的信）没有准确陈述出西班牙在战争期间给予我们的帮助和阻挠。1940 年它没有干预我们的行动，1942 年“火炬”行动的前几个月也没有妨碍我们使用飞机场和阿尔赫西拉斯湾，这些支持远远胜过那些令人生气的小事。因此，我希望少陈述我们的不满……措辞方面也需要改动，确保公平公正、前后一致。我希望您能从这个角度出发，重新审阅信件。

信件的其余内容我都同意。总体而言，我对这封信十分满意。不过我认为，内阁可能会希望提及长枪党和独裁统治等事。请您考虑一下是否要涉及这些内容。

我希望今晚或明晚就能解决以上几点问题，然后打印出来交给内阁……我以前处理此事拖拉，现在突然着急解决此事的原因是……我认为等信件一致通过后，专人递送或发一份副本给斯大林，这样效果会更加显著。我相信斯大林肯定会满意，这也可以消除戴高乐在访问期间引起的疑虑：以为我们打算建立一个反苏的西方集团。我相信戴高乐之所以高调反对这种集团，无非只是想尽可能多地讨到好处。

斯大林尽管面临种种诱惑和重重压力，但是仍能信守诺言，不曾干涉希腊之事，这种忠诚合作之心令我深深佩服，我越来越欣赏他了。我相信把我们的想法告诉苏联人，可以提高我们对他的影响力，强化我们对苏联的缓和政策。

最后，我想说这封信写得非常好，讨论外交难题时语气克制，张弛有度。

1944 年 12 月 11 日

首相致生产大臣：

您在报告中说我们今年生产的青霉素只能达到预期产量的十分之一，这个消息真令人失望。虽然我国发现了青霉素，但是美国在产量和技术上都遥遥领先于我们，这真是令人难过。您要相信，我们有合适的负责人，劳动力和原料难题也早已克服。

请报告 1945 年的预计产量。

1944 年 12 月 18 日

首相致财政大臣、劳工大臣、生产大臣、陆军大臣及伊斯梅将军，转参谋长委员会：

中东部队司令官根据我的口头指示，已拟好了一份备忘录，汇报中东目前的人力情况。

报告显示，部队约有六十六万二千名官兵，加上大约二十四万二千名文职人员，共计约九十万四千人。部队具体情况如下：

<table>
<tr><td>联合王国军事人员</td><td>154000 人</td><td></td></tr>
<tr><td>皇家空军</td><td>66000 人</td><td></td></tr>
<tr><td>自治领部队</td><td>29000 人</td><td></td></tr>
<tr><td>印度部队</td><td>42000 人</td><td rowspan="2">172000 人</td></tr>
<tr><td>地方招募和殖民地部队</td><td>130000 人</td></tr>
<tr><td>盟军包括美国在中东陆军部队</td><td>78000 人</td><td></td></tr>
<tr><td>难民、战俘及非正规军队人员</td><td>163000 人</td><td></td></tr>
<tr><td>合计</td><td>662000 人</td><td></td></tr>
</table>

联合王国军事人员共计十五万四千人，其中八万八千人来自各种部队单位、卫戍部队及基地兵站等，五万人驻扎于埃及和巴勒斯坦的基地，一万六千人驻守总部和行政单位。

虽然中东战区比较重要，但也不该招募如此多的兵员。所以，必须裁减兵员，理由有二：第一，目前人力紧张，应当尽量安排英国士兵上场杀敌。因此，我认为中东战区应能从总数中抽调出五万现役兵员转到其他战区。第二，当地劳力也应当减少。

另外，我们目前财政吃紧，不得不削减中东经费。6 月 30 日，埃及和巴勒斯坦这两个主要中东地区，分别消耗了约三亿两千万英镑和九千五百五十万英镑。当前，这两个国家仅军费支出每月就已高达六百万英镑，1942 年和 1943 年平均每月支出八百二十五万英镑。这种耗费我们财政资源的行为决不能继续下去。我认为，是时候在中东裁员了，第一次应减少四分之一：比如，部队共六十六万二千人，文职人员共二十四万二千人，共计九十万四千人，现应减到六十八万人。

陆军大臣应提议如何实施缩减计划。

1944 年 12 月 19 日

首相致外交大臣：

我们为何要撤走在波斯的驻军？我认为这是个极大的错误。这支部队短小精悍，以印度人为主。许多问题尚未解决，我们最好还是留下。离开容易，重返就难了。我认为当前没有任何军事理由把他们从那里撤走。

1944 年 12 月 19 日

首相致外交大臣：

我们当然可以再次向那些在波兰师奋战过的士兵保证，无论他们遭遇了何事，大英帝国定会给他们安排住处。我收到了奥布里·赫伯特儿子的来信，内容令人伤心。他接受身体检查时，发现不符合英军条件，所以过去两年一直和波兰人一起作战。

1944 年 12 月 28 日

附录（2）

向法国南部进攻？欧洲战场上的作战行动

——首相兼国防大臣的备忘录

1944 年 6 月 28 日

第一部分

我认为有几点内容至关重要，应将它们记录下来：

1. 我们在当前欧洲战役阶段的整体战略方针应是：与敌人展开最大规模、最猛烈和最持久的抗战。只有这样，我们才能让敌军早日瓦解。这是主要考验。

2. 为此，我们应充分夺取港口，从而使得三十个师甚至更多的部队能直接迅速地从美国调往欧洲。

3. 选择登陆点或进攻点时应考虑以下几点：第一，这些地点同艾森豪威尔将军在法国西部进行的主要计划与战役之间的战术关系；第二，这些地点给德国的权力中心即德国武装部队最高统帅部造成的负担。最好能二者兼备。

4. 政治方面的考量，诸如民众反对敌人的起义、卫星国的投降与归顺等也是重要、有用的因素。

5. 冒险进攻两处比三处更为恰当，而且现有的坦克登陆艇等数量有限，肯定不够用于两处以上的冒险进攻。

6. 筛选各种方案时，应根据上述要求加以研究。

第二部分

7. 理应率先考虑支援“霸王”作战计划，因为目前指定用于该计划的兵力数目直到8月底也才四十多个师，要想胜过敌军在法国西部可用的兵力（心理上的瓦解想都别想），这些兵力肯定不够。据了解，8月份之后，美军便可每月派出五个师直接增援“霸王”计划。在这一时期用于增援“霸王”作战计划的数目，仅受制于航运能力和法国西岸各港口的容量。因此，如何能最大程度地接纳各地而来的师及其必要的后勤部队是盟国远征军最高统帅部面临的根本问题。

8. 为达成此目的，我们不能只考虑能想到的一些港口。还有许多其他的小港口，像波尔·安·贝散、库尔塞尔和伍伊斯特朗等，它们每日可卸货四千吨，这些港口早已被发现，甚至在实施“霸王”作战计划时就已经仔细考察过。登陆舰的使用会使得这些港口的卸载量大为增加。因此，将重大作战中的大量登陆舰经由海峡转移到与该场战斗无任何战略关系的其他地方，并非正确之举。问题是如何在最短的时间内向艾森豪威尔将军提供最大程度的支援，同时又不给其他方面带来不必要的麻烦。

9. 我们应根据最近汲取的经验，重新检查法国大西洋沿岸接收军队和车辆的整套设施。很快就可以使用法国沿岸的基地机场和加油站，这对我们夺取“霸王”计划现有目标以南和以北的新港口大有帮助。勒阿弗尔港和圣纳泽尔港与战争的关系比地中海地区的其他港口更为密切，因此我们必须拿下这两个港口。总之，“霸王”作战计划的主要目的在于接收在美国待命的大批军队，如果港口能容纳或是能马上采取行动的话，还可将在地中海地区的部队调至此地。若是放弃扩大容纳量，直接从美国或分阶段从英国运送军队至法国西海岸，那将十分令人惋惜。

10. 我们不仅应该最大限度地增加容纳量，还要将其质量与之后几个月里的作战形势相结合。本文附表是为我准备的一份材料，内容是五月份到达联合王国的美军人数，以及六、七、八三个月内预计到达的人数。从中可见，在这四个月里，已到和将到的士兵人数总计为五十五万三千三百五十六人，但他们却只组建为七个师。这些野战部队共七个师，每个师两万人，再加上诸如坦克旅、独立旅等其他作战附属部队，每个师以两万五千人计，七个师总计十七万五千人。从那五十五万三千三百五十六人中减去这一数目，还剩下三十七万八千三百五十六人。问题也由此产生：这三十七万八千三百五十六人数目庞大，还包括了后勤部队和许多分遣队，我们能否在现有航运安排的范围内，通过严格调整，将其优先权减小从而给其他四或五个师更高的优先权。这一时期的法国战局可能取决于这些增援部队能否快速抵达。这样一来，将会把剩下的二十五万人用作后勤部队。值得注意的是，法国的伤亡人数远远少于其集结时所需的人员规模，仅就5月和6月的结果来看，我们当时派遣的是额外编制而成的两个师，而不是五万名替补士兵，他们的这一做法也是情有可原。

11. 如果港口、航运和后勤部队都已准备就绪，那么北非可撤出三个法国师，其他四个便可从意大利抽出。艾森豪威尔将军清楚地预见了这一可能性，并将之作为第二选择。

12. 因此，在接下来的三个月里，军队到达“霸王”作战计划区域的可能性会大大增加。在我们转而采取其他更不明确的替代方案之前，必须保证我们放弃这些可能性是正确之举，因为我们必然无法再为“霸王”作战计划提供如此及时或强大的增援。

第三部分

13. 此刻，我们必须考虑将第一部分提出的原则与第二部分关于从西面增援“霸王”计划的原则联系起来，并将之运用于地中海地区。但是在当前的作战时期里，如果有办法挺进利翁湾，进而占领波尔多，从而打开波尔多及其周围的小港口，使之为横渡大西洋的美国主力军所用，那么，相比于其他纯粹针对地中海地区所采取的行动，显然要优先考虑这种方案。因此，在这一背景下，让我们仔细研究数月以来困扰我们“铁砧”作战计划的种种变因。现已提出两种方案，一种是将十个师用于登陆，其中三个师打头阵，另外七个师在赛特或马赛跟进。赛特距离波尔多二百二十五英里，且无任何重大山脉阻碍，具有明显优势。据我所知，各方都认为8月1日不可能进行登陆，最早也要等到8月15日，甚至连8月15日也不一定。如果我们在8月15日至8月30日之间进攻赛特，就有可能在9月底或10月中旬登陆十个师。即使没有敌人的抵抗，我们也需进军二百二十五英里。如果遇到敌人顽强的抵抗，大部队如能保持每天前进五英里的速度就已经非常惊人了。因此，我们不能指望在12月初或中旬从后方夺取波尔多。这样一来，我们就有必要有序地夺取港口。因此，尽管克服了海军对登陆地点的反对意见，赛特的作战计划也不会影响1944年的战争，它顶多能将位于里维埃尔的德军或由德国武装部队最高统帅部派遣的德国部队牵制在“霸王”作战行动的战场之外。这一计划并不能包括大批从美国渡海而来的军队。逼近波尔多这一沉重迟缓的方法无法与直捣波尔多取得的结果相提并论，后者是以巴荣纳或邻近的若干小岛为登陆点。但前者或许可以通过突袭取得一个港口和桥头堡，从而使从非洲和地中海来的法国部队可由此进入法国，并在大西洋沿岸直接开辟另一个大港口。无论如何，鉴于海军方面的反对，塞特登陆计划已被排除在外。

14. 接下来，我们要讨论土伦—马赛的作战行动。但我越想越觉得这一计划渺茫无用。该计划使得我们还要再向波尔多前进一百三十英里，这样总共需行进三百五十五英里。这一行动将从侧面进攻北面的任意一支军队。登陆本身要在8月30日才能开始，而且到7月10日坦克登陆艇等才能从“霸王”作战计划中抽调出来。这些事实都可作为反对以赛特作为进军波尔多的途径的理由，并越发坚定了这一立场。的确，将十个师的兵力从马赛进军至波尔多只有等到9月30日才能开始，且三个月后才能完成。根据上述种种原因，我坚信，从利翁湾登陆、进而进攻波尔多的这种做法并不可取。

15. 但若在8月30日成功夺取土伦和马赛，并于9月30日成功登陆十个师，我们就能以进军罗纳河流域为目标，而其以北一百六十英里处的里昂便可作为首个攻击目标。一旦成功，我们便可获得优势，

所有可调用的法军、从意大利和从非洲撤出的美国师或在危及“霸王”计划的情况下从美国调来的军队，都可尽数投往此处。我们应与马基群落保持密切联系，他们在法国山区发展了一支中等规模的游击队。而且我们还应有一个头等港口，需要时可由此将美国军队运往法国的部分地区。进军罗纳河流域就如同从意大利向维也纳进军，说起来容易，但这类计划存在一定的风险和困难，并有延误的可能，这些都会严重威胁该计划的实施。目前沿里维埃拉布防的敌军共有七八个师，一旦我们决定登陆马赛，他们将可能出动所有军队抵抗我们。德国武装部队最高统帅部可能经常调动其在意大利的部队，并任意选择一处阻截我们向北进军，他们或是通过阿尔卑斯山下的隧道，或是等冬季来临时沿着山上修筑的大公路进行调军。这一地带最难攻克。敌人大可不必从“霸王”作战区单独抽出一个师，因为他们的优秀军队在我们进军罗纳河流域的过程中步步紧逼。敌人从皮埃蒙特撤军，只需要守住沿着里维埃拉的科尔尼西公路和山间隘口就行，再加上冬天要到了，所以这并非难事。敌人可随意炸毁隧道。如果我们对其进行空袭，敌人总能越过山顶或沿里维埃拉海岸逃脱，除非是在深冬。

16. 依我之见，不管是赛特还是马赛的军事行动，都难以证明其是否与我们今年夏秋两季为“霸王”作战计划而进行的战斗有联系。马赛至瑟堡的直线距离为六百英里，至巴黎的为四百英里。显然，即使大获成功，这些行动也不会对1944年的当前战局产生直接影响。

17. 此外，无论我们采取“铁砧”作战计划的哪一种形式，要想其能有助于“霸王”作战计划，最好行动前先预计一下我们必须为此付出多少代价。

第四部分

18. 威尔逊、亚历山大和史末资陆军元帅在电报中向我们提出一项计划，即越过亚得里亚海及其沿岸向东进攻。而且，威尔逊将军认为，根据这一计划，他和亚历山大将军也许能在9月底占领的里雅斯特。当然，这一行动是作为“铁砧”计划的变异行动，与“霸王”作战计划并无战略关系。

19. 我们有望在意大利及其全线上取得胜利，但是否应为了“铁砧”计划及其局限性，而断送我们的一切希望，并解散这支进军神速、已越过该半岛的精良部队，使自己沦为该战场的被动方，对英国政府、美国总统及其参谋长委员会来说，这的确是一个重大抉择。对我而言，虽然我渴望尽力为“霸王”计划提供及时有效的帮助，但看到为了进军罗纳河流域，亚历山大将军的军队被剥夺了在意大利北部进攻的大部分力量，让我感到十分惋惜。因为联合参谋长委员会自己也说，在“霸王”计划的主要行动之外向罗纳河进军无利可图。

1944 年 5 月至 8 月到达联合王国的美国陆军（包括空军）的人数

序数	细目	1944 年 5 月到达联合王国的人数	6～8 月预计到达联合王国的人数		
			6 月	7 月	8 月
1	美国陆军（不包括空军）	88432	135775	107639	189541
2	美国陆军的空军部队	16257	7196	3301	5212
3	美国陆军总数（包括美国空军）	104689	142971	110940	194753
1	步兵师	1	1	—	2
1	装甲师	—	1	—	1
2	空降师	—	—	—	1

20. 小结：

（1）让我们最大限度地从西面登陆，即刻增援“霸王”计划。

（2）让我们正确利用地中海司令部手中的大好时机，现阶段我方仅做小规模的调动与威胁行动，以便将敌人牵制在利翁湾周围。

（3）让我们把登陆艇悉数留给艾森豪威尔上将，任其调配，以提高其登陆能力。

（4）让我们确保“霸王”作战地区的港口吐纳量是否已增加至最大限度。

（5）让我们坚定信念，不要为赢得一场战役的胜利而破坏另一场战役的取胜。我们可以二者兼得。

罗斯福总统致首相：

1. 我个人已仔细研读了您的备忘录，也请我们的联合参谋长委员会进一步考虑了整个问题。

2. 您说我们整体的战略方针应是同敌人展开最大规模、最猛烈且最持久的抗战，对此我深表赞同，但我深信这必须以军队的主力为基础，再辅之以紧密合作的增援力量，直逼德国心腹之地。

3. “霸王”作战计划的实施，我们在意大利的胜利进军，对法国南部的提前进攻，再加上苏联的向西推进，一切就如我们在德黑兰设想的那样进行，这些定能帮助我们实现目标——使德国无条件投降。这让我想起我们与斯大林达成的协议，即对法国南部展开作战，他经常对这一行动表示赞赏，并认为地中海地区的其他行动仅次于欧洲战役的主要目标。

4. 您提到政治考量是重要因素，对此我也同意，但是比起攻击德国心脏的首要行动，基于其他考虑的军事行动肯定应居于次要地位。

5. 我同意“霸王”计划的集结行动应受到持续关注，且这应由艾森豪威尔负责。我们现在从美国送过去的军队正是顺应艾森豪威尔的要求。如果他要先派作战师后派后勤部队，只要他提出要求，那些师自会为他准备好。

6. 除非我们将美国部队尽数派完，或无法继续满足艾森豪威尔的要求，我们才会停止向其派遣兵力，我反对从地中海调遣部队至“霸王”作战区这种浪费时间的做法。如果我们利用航运和港口容量将部队从一个战区（地中海）转移到另一个战区（“霸王”），那肯定会削弱美国集结的派来支援“霸王”作战行动的部队，而且最终会减少各作战区的兵力，这一结果也不是我们想要的。

7. 我的关注点和希望都集中于击败与艾森豪威尔交战的德国人、进而强势挺进德国这件事上，而不是为了在意大利进行主要作战而对这一行动有所保留。我确信，随着“铁砧”行动的兵力撤出，我们在

意大利拥有的兵力将足以追击比萨—里米尼线以北的德国人，并向那里的敌军施以重压，至少足以牵制其现有的兵力。我想，德军不会像威尔逊将军预测的那样，以牺牲十个师的代价把我们阻挡在意大利境外。

8. 为了协助“铁砧”计划，我们可即刻从意大利抽出五个师（三个美国师、两个法国师），这一点也得到了威尔逊的证实。其余的二十一个师，再加上众多独立旅，定能让亚历山大充分占据地面优势。而且我们还占有空中优势，这样一来，地中海地区的空军力量便足以为意大利作战和“铁砧”行动提供支援，且在任何一个行动处于紧要关头之时，都能为其提供绝对的空中支援。同时，我们在地中海地区还拥有实际制海权。

9. 我认为，将地中海的部队用于波尔多或赛特的作战行动这种做法并不可取。至于伊斯特里亚半岛，从一些理所当然并合乎人情的因素考虑，我觉得亚历山大和史末资可能忽视了两个至关重要的考量：第一，我们坚信为尽早结束战争，宏伟战略必不可少；第二，从卢布尔雅那山峡进军到斯洛文尼亚和匈牙利的战役旷日持久，需考虑时间因素。此次进军会遭到在法国的德军有组织的抵抗，同时还会危及“霸王”作战部队，即使不考虑这些因素，进军罗纳河流域也比您想象的要难得多。据我所知，仅从后勤因素考虑，也不一定能在某一确定时期内将六个师以上的兵力运出卢布尔雅那山峡并投入到战斗中去。同时，我们还得奋力将目前尚在美洲的三十五个美国师，再加上与之数量相等的军队和集团军的直属战斗部队调往法国，更别提还有必要的后勤部队。我不同意将美国军队用于进攻伊斯特里亚和巴尔干国家[①]，我想法国也不会同意将其军队用于此处。

10. 土伦地区的滩头和出口的交通和掩护都极为恰当。罗纳河走廊虽有其局限性，但还是优于卢布尔雅那，也肯定胜过我们长期作战的意大利那一带的地形。

---

① 我加的着重号。——丘吉尔

11. 艾森豪威尔的报告令我印象深刻。他认为“铁砧”作战行动极为重要，而且只要不过度妨碍“霸王”作战计划，他也可以为威尔逊将军提供所需的额外帮助。威尔逊则报告，只要指令一下达，他便即刻采取行动。

12. 威尔逊的“铁砧”行动已准备就绪，因此，可立即展开行动。

13. 既然在德黑兰已达成实施“铁砧”计划的协议，自然是同斯大林协商过的，不然我将拒绝接受任何摒弃该行动的计划。如果你我二人直至 7 月 1 日尚未达成一致，也无法向威尔逊将军下达指示，命令其尽早开始“铁砧”作战计划，那我们务必要联系斯大林。此外，如果我们打算放弃“铁砧”作战计划，我们必须马上就军队的使用问题与法国进行讨论，因为该决定可能会让他们的军队无缘法国战役，却要在意大利或巴尔干的次要战役中蒙受损失。

14. 我再次敦促你们，请即刻将美国参谋长联席会议下达的指令发给威尔逊将军。如果这一决议再继续拖下去，那将会扼杀“铁砧”计划及时为“霸王”提供帮助的可能性。

15. 我们在德黑兰通过了一个确定的进攻计划。截至目前，该计划进行得十分顺利，不需要做出任何变动。既然我们全力投身于重大决战中，若因犹豫不决和争论不休而使我们错过了宝贵时机，牺牲了珍贵的生命，那历史绝不会原谅我们。亲爱的朋友，请让我们按照原计划进行吧。

16. 最后，如果因将大批兵力调往巴尔干地区①而使“霸王”作战计划出现任何不测，哪怕仅是出于政治考虑，我也将难辞其咎。

1944 年 6 月 29 日

① 我加的着重号。——丘吉尔

附录（3）

首相所发出的指令、备忘录和电报

1945 年 1 月

首相致陆军大臣：

缅甸的部队疾病高发，但根据目前可用的资料，我无法知道有多少疾病是因为没有执行部队的抗疟命令所引起的，有多少是因为医疗服务不足所引起的。不过，这些已足以说明问题，我希望您能留意此事。

1. 国内外的军队里有多少热带卫生专家担任顾问？

2. 这些专家是享有独立的公民身份，还是隶属某个军队？

3. 陆军大臣和军医总监商讨医疗事务时，是否可以征求一些民间专家的意见？据我了解，就有两个委员会专门为此而设。过去五年他们每年举行几次会议？主要商讨什么问题？

提出以上问题并不是要责备皇家陆军医疗队。我没有理由批评他们的工作。不过，热带疾病高发不止，导致兵力大量耗损，我们不得不仔细彻查每个环节，我相信您也认同这一点。

1945 年 1 月 1 日

首相致空军参谋长：

德国飞机袭击了我们在比利时的机场一事。其实分散我们的飞机很容易办到，特别是大型飞机，使用沙袋就可以隔开。我严重怀疑是否讨论和商量过这个问题。他们似乎只是任其发展，并没有采取任何预防措施。毕竟，我们已经占用这些机场好几个月了。毋庸置疑，就是因为飞机拥堵才引来敌人袭击。现在怎么解决？是继续拥堵下去，还是合理分散？我本以为他们在空闲时间会进行分散训练。我对此次事件非常不满，希望您能汇报说明上述几点情况。

另外请您注意，我方约有七百名皇家空军地勤人员已在基菲夏①投降。这些人大多不会作战，尽管我们多次警告，可他们还是被单独遗留在距离雅典七英里远的机场。我知道您已部署了两个排的步兵保护他们，但陆空两军似乎合作不当。遇到这种情况，陆军（指挥部）早该下令召回这批人和居民，而不该让他们继续身处危险之地。我担心，他们作为俘虏可能会遭到残酷的折磨。我已请求亚历山大将军彻查此事。目前正在展开调查，但我特别想知道他们中间有多少人手握步枪，有多少人受过步枪射击训练。我和陆军元帅走访前哨时，一位空军士兵告诉元帅，他们每年只有五颗子弹用于练习。每个人——我重复一遍，每个人，只要他身穿皇家制服，不管他是手握手枪还是手提机枪，都必须能够作战。

1945 年 1 月 2 日

首相致生产大臣：

对于欧洲的供应和救济

关于欧洲的供应和救济问题，我认为目前不够重视海运方面的困难。

请安排解放区域供应委员会早日汇报情况，除此以外，还要特别汇报以下几点，尤其注意每项的运输要求。

（1）他们现在请求供应多少粮食和原料。

（2）该委员会对比利时粮食供应作了各种建议，他们总体反响

① 基菲夏，位于雅典北部。——译者注

如何？

（3）如果荷兰堤坝被炸毁，海水渗入，那么如何救济他们？

（4）按照三百克口粮的定量计算，意大利以及巴尔干诸国要供应多少？

（5）移交船只给比利时人和法国人，让他们自己去进口，尤其是从他们的殖民地起运。

（6）联合国善后救济总署提出的各种方案。

（7）能否既不影响英国进口计划，又同时完成（1）和（6）？

（8）如果只在伦敦处理欧洲经济事务的各种问题，仅在华盛顿讨论各种原则性问题，能否避免延误？

您应该制订一个详细计划来应对未来六个月的各种情况，说明所需吨位以及建议如何实现这个吨位。

1945 年 1 月 8 日

首相致伊斯梅将军和爱德华·布里奇斯爵士：

我一直担心下面这件事情。去年 9 月我们前往魁北克开会之前，大家非常乐观地认为对德战争即将结束，根据记录，参谋部认为 1944 年圣诞节前可以结束。后来，各部门都依此调整了很多计划。美国也大规模地进行了同样的调整。

然而，现今情况有变。为了谨慎起见，我认为我们可以把 1945 年 10 月 1 日定为可能结束之日。您确定所有军事部门及相关部门都已知晓军事形势有所改变，不须另行通知？目前预测夏季陆战将会十分激烈，2 月或 3 月德军潜艇将会再次疯狂行动。德国喷气式飞机的技术遥遥领先，战斗机数量倍增，这些都预示着德军即将恢复空军优势。

请您和参谋长委员会先协商对日战争结束前应采取何种措施，然后再向我汇报。如有必要，我们可以召开参谋会议和战时内阁会议。无论如何，我们绝不可让人钻了空子。我估计大多数部门都已根据新形势调整了计划。他们以前总是不愿意消减，现在刚好发挥了作用。上次官方公布对德战争结束之日为1944年12月31日，后来是否调整了新的日期？如果没有，我们现在是否要这样做，又如何通知各部门？

1945年1月14日

首相致伊斯梅将军，转参谋长委员会：

莱茵河大战在即，现在出现了一个问题，即我们是否无法摧毁莱茵河上的永久性桥梁。如果空军无法成功轰炸，那么能否使用漂浮水雷？我们早期也使用过这种水雷，效果显著，不过当时主要是为了摧毁莱茵河上的交通。只要德军主要部队仍在西线作战，那么摧毁莱茵河上的永久性桥梁就仍是重要目标。炸毁这些桥梁不会影响我们跨过这条河，因为如果我们不炸毁它，一旦德军被迫过河，他们也必定会将其摧毁。目前使用的那种漂浮水雷很可能因为太小而威力不足，但我们耗费大量劳力研发出来的这种方法或许值得借鉴。无论如何，空军也许愿意帮忙。不管怎样，漂浮水雷在破坏浮桥方面效果显著，而且德军肯定拥有大量浮桥。

请尽快让相关单位来研究这件事情。

1945年1月14日

优先开展研发工作

——首相通令

值此战争之际，所有能在1946年年底以前完成、大大辅助作战的研发项目都可优先开展。

研究人员和制图员极度缺乏，急需这类人才，而且过渡到和平时期的工业生产和民用航空发展也需要这类人才。

因此，现在必须根据对德作战结束和对日战争继续的假定，重新审查所有一切军用的研发项目。凡是无法在1946年下半年大规模用于作战的项目都应放缓速度或暂时中止，这样可以集中力量发展其余项目，也能腾出一些人力用于民用生产。

各部门也必须重新审查他们正在着手的项目以便进行改进，尤其是即将淘汰的武器和设备（包括飞机），这样可以扫除所有的不必要项目，保留那些大大辅助作战或保全生命的重要项目。

1945 年 1 月 15 日

首相致伊斯梅将军：

您需安排人员看管和维护大量搁置不用的固定的高射炮。炮台搭建费时费力，我不同意现在就拆除。人员可以调走，仅留少数人看守即可。否则，我相信不出几个月，我国西部和北部的防御设施必将拆得一干二净。万一形势有变，我们又得从头开始。我们现在所需仅是兵员。

我反对使用“低级步兵旅”这种称呼，绝对不能再用。如果希望从名称上区分，可以称之为“后备旅”。

1945 年 1 月 19 日

首相致农业部：

我非常担心缺少马铃薯的情况，因为我们一直以它为主食。

由于农业大臣远在美国，所以农业部负责简单向我汇报缺乏的原因，现已采取了什么措施来补救？何时才能扭转局面？报告不得超过一页纸。

1945 年 1 月 22 日

首相致伊斯梅将军：

情报机关以前曾在两个不同日期对“德国战略和抵抗意志”进行了预测，现在也进行了预测，请您各写一份提要给我。每份提要不要超过十五行。我尚未阅读这些提要以前，不得传阅，也不要让相关军官知晓我们正在对比他们几个月前和现在说的话，以免打击他们。

1945 年 1 月 25 日

1945 年 2 月

首相致雅各布少将：

这一切似乎都像是在吹毛求疵。无论发生任何事情，对德作战期间，都不能减少我国两千六百万吨的进口额。还有，我国现有库存额已得到了批准，也不能降低这个数目。最后，如有任何短少，可按照营运耗损来分摊。我国进口的必需品如有减少，必须当作政府间的头等大事进行据理力争。请告知我这些做法与您的理解哪里有冲突？

1945 年 2 月 6 日

首相致外交大臣、第一海务大臣及伊斯梅将军：

地中海司令官告诉我，他听闻希腊海军的俸给即将缩减百分之九十七，即从每周五磅减少到三先令。如果希腊由于财政吃紧而必须实施这一政策或类似政策，那么目前肯定会产生严重后果，我们绝不能任其发生。解决方法之一就是未来三至六个月内由我们来垫付差额。我相信希腊船舰对地中海司令官作用重大。

1945 年 2 月 6 日

首相致霍利斯将军：

报纸很少提及不列颠军队的工作情况，更从来没有谈到英格兰军队的工作情况。请向我汇报自开战以来，英格兰人的全部伤亡人数。我认为他们至少是联合王国和帝国其余部分总数的两倍或三倍。也请汇报平民的伤亡情况。我来看看是否有补救措施。请不要局限于我所提到的几个问题，可以举例说明。

另外也请计算一下伦敦人的伤亡情况。听说伦敦人（包括军人和居民）伤亡巨大，比整个不列颠帝国都大，比联合王国的其余地区都大，甚至比整个不列颠帝国和联合王国其余地区的总数都大，这个情况是否属实？我自会斟酌怎样使用这些数据，但需您告诉我。①

1945 年 2 月 20 日

首相致财政大臣和爱德华·布里奇斯爵士：

我不赞成进行这种耗资巨大又不必要的调查（轰炸机联合攻势的效果）。目前三军部门压力巨大，他们需要为扩招的新人员安排工作。我首先希望财政部来解决这类需求。我认为提议的整个做法不符合要求。我想大胆说一句，这个特殊机构收集的信息对我们轰炸日本毫无用处。如果美国愿意展开这样的调查，那是他们愿意浪费财力，而我们财政紧张，无法效仿。不过，我们是盟国，他们可能会把调查结果告诉我们。

我本人坚决反对这件事。我认为首先财政部必须反对，然后财政大臣也应该反对。

1945 年 2 月 23 日

人力问题

——首相兼国防大臣的指令

显然，我们现在所做之事超出了我们的资源承受范围，我们计划中的优先顺序也需要重新排列，这样才能获得必要的缓解。唯有等到我们的国民经济足够充实，我们才能保持战争实力。特别说明一下，1945 年上半年我们计划将增加约二十七万五千个劳动力分配给贸易部。

人力分配应遵循以下原则：

1. 继续优先支持能够尽早打败德国所需的一切东西，必须维持欧

① 我得悉从开战至 1945 年 1 月 31 日为止，联合王国约有八十三万人死亡、受伤、失踪或被俘。其中六十六万四千人是英格兰人，五个英格兰人中就有一个伦敦人。英联邦其余地区的伤亡约为三十一万七千人。伦敦的死亡率是一百二十人中有一人，英格兰是一百六十五人中有一人，其次是新西兰，一百七十五人中有一人。其他自治领平均为三百七十二人中有一人，至于美国则为七百七十五人中有一人。

洲第一战线的实力，必须满足如炮弹之类重要必需品的需求。不过，1945 年下半年可以提前减少欧洲空军实力。所有仅为欧洲战场所用的飞机生产和其他弹药制造，如果不能在 1945 年年底以前完成，就绝对不能继续浪费人力了。

2. 服从第 1 项原则，除此以外，必须尽一切努力扩展民用生产，满足人民的基本需求。

3. 我不建议更改最后抗日的全面武装力量，但是可以放缓集结速度和武器配备，包括后备军。军火生产计划可根据这个总体原则重新审查。

4. 如果现有的老式装备仍然适用于对日作战，那么我们则要保证绝不浪费人力大量生产新式或改良装备。初期装备的规模、预期耗损率、预备补给品的规模，这些都必须仔细核查清楚。装备项目除非必需，否则绝不生产。过度供应很奢侈，我们无法办到。

这个指令并不是说，当需要特殊用途的装备时，生产的新装备不需要讲究质量；也不是说，当老式设备可用且库存充足时，就不许生产少量改良装备。不过，这仅限于几个非常重要的项目。

部级人力委员会应根据这个指令，重新审查人力情况。如有必要，可以咨询参谋长委员会和战时联合生产参谋部。

1945 年 2 月 26 日

1945 年 3 月

首相致战时军事大臣及参谋部：

雅尔塔会议已经结束，我们必须即刻决定如何填补我国运输船只短缺这一问题。

进口贸易不可削减。其他领域可能要例行节减，但主要削减的似乎应为地中海和印度洋方面的军事航运。

三军要求今后四个月内到这些战区去的每月航行次数为一百二十二次。我考虑此项可缩减至每月至多八十次。

请速告知，此项决议将会对我们的一般运输状况起怎样的缓解作用，及其对我们的军事计划之影响。

1945 年 3 月 2 日

首相致外交大臣：

1. 我全心全意希望能解放波兰，实现波兰人民自治，并使那些加入我军战斗的波兰士兵能够回国。如果不能实现此项目标，那我们必须将波兰军人安置于不列颠帝国之内，为这些勇敢而有价值的士兵提供安身之所。首先，毫无疑问的是他们将会被安排来驻守德国，相应减轻我们的军事负担。

2. 然而，肯定有一部分波兰人因为极度仇恨苏联而不愿回到波兰。如果我们劝服成功的话，这些人不会太多。虽然这一小部分人不太理智，不愿回波兰生活，但我们必须给予他们选择是否加入英国国籍的机会。

1945 年 3 月 5 日

首相致财政大臣及爱德华·布里奇斯爵士：

我即将通知相关三军大臣，要求他们首先同财政部商讨（英军轰炸研究团）这件事情。这个项目要同和平时期的项目一样，先经由财政部彻底调查并了解充分实施这个项目所需的费用。有了这一费用保障之后，我们再向内阁提出议案。特别需要注意的是，对于这样一个庞大的计划，应该精确算出它的费用共需多少，及其对恢复民生的其他方面有怎样的损害。

1945 年 3 月 5 日

首相致飞机生产大臣：

据我了解，战争初期，莫尔文学校的校舍曾被海军部征用，后来又被飞机生产部接管做研究之用。莫尔文学校的学生前往哈罗公学避难，哈罗公学当时因为伦敦空袭而将学生解散。但是，现在报考哈罗

公学的学生已逐渐增加。如果莫尔文的学生依然留在那里，那哈罗新生将无处容身。两校的理事们都迫切希望改变现在的状况。我想知道你部是否可以不再使用莫尔文的校舍，以便该校学生重返旧地？

1945 年 3 月 6 日

首相致伊斯梅将军，转参谋长委员会：

我以为驻意大利的波兰师是用英国装备配备起来的。现在没有这种可用装备了吗？无论如何，现在应当装备这两支额外的波兰军队，为此，我们可以直接采用储备装备。

配备的规模方面，可做较大的让步。有些军队虽然不一定能作战抗敌，但在战争将近结束之际，却是大有用处，那么编制这种军队就不需墨守成规。德军败退之后，派遣这些波兰军占领德国城市，可缓解我们兵力上的紧张，这对我们非常重要。也正因为这样，我们并不需要为这些军队配备和全面战争时期同等的装备及运输工具等。

1945 年 3 月 7 日

首相致粮食大臣及军事运输大臣：

随函附上农业大臣向我提出增加生猪和蛋品生产的建议。考虑到现在的实情是小麦产量比其他几乎所有粮食的总和还多，那这些建议似乎十分有益，切合实际。

请向我汇报你们对此有何意见。

1945 年 3 月 9 日

首相致财政大臣：

我想起了以下几个问题，想听听您的意见。

首先是关于儿童补助金的事情。这些钱当然不需要纳税，能否将其用作儿童财产？这样做是不是省去许多麻烦？这样需要花费多少钱？

其次，今天我在《泰晤士报》上看到，大臣们根据《法案》削减或停发了军人家属所领的补助金。我们一直鼓励生育和加强儿童的营

养，我不明白为什么要剥夺这类人的额外补贴。实际上，我认为这种决议可能使人们产生一种成见，不再支持每年上缴大量税收这一政策……

1945 年 3 月 9 日

首相致外交大臣：

新的希腊陆军和海军当然不能享受中东英军的待遇，他们的报酬必须符合希腊国情。

然而，希腊海军曾战绩辉煌，希腊陆军规模虽小却是将来新陆军的主力，如果突然大幅削减他们的工资，我担心这样是否妥当。能否先通知他们将在六个月后恢复到希腊的工资标准？值此之际去搅乱军心当然不是明智的做法，尤其是我们目前还极力想方设法撤离我们的军队。我认为这个关键数目也不会太大。在以后六个月中，我们能否不付我方与希腊酬金之间的差额给他们？这样要花多少钱？

1945 年 3 月 9 日

首相致劳工大臣：

谢谢您（关于劳动力管制及从武装部队退役的人员）的备忘录。坦白说，我不知道击败德国以后是否还要实行全权统治的办法。比如，一个作家、剧作家或艺术家已经从甲类部队中退役，但他的研究还没有产生直接又实用的成果，那么理论上，您是否有权命令他放弃他的研究而到煤坑里去劳动呢？再比如，一个同样从甲类部队退役的军人，现正照管着农场，即使他并不是真正的农民，您有权把他调到钢铁厂工作吗？又比如，一个士兵或军官在海外打了四年仗，现在他说要休养生息一年，不要求政府提供生活补助，您是否有权叫他到石矿工作？

我认为，这些极端强势的命令只能在危急存亡之际才可使用。这些事情我以前多次和您简短交谈过，我的理解一直是，甲类人员和那些服役期满而从军队里退役的人可以自由选择职业，但是未满服役期的优先退役骨干人员，当然要分配到特定的部门去工作。

您提到了“最急需的基本性工作”。不知您所指的是哪种工作？

我们不可能强迫一个人去执行高规格的任务。例如，你不能强迫一个人去当科学家，不过却可以强迫他去打扫实验室。然而，打扫之职当然不是“无法找到适当人选的最急需的基本性工作”。如果一个医生不愿意，您显然无法强迫他去给人看病，那么您是否要叫他去种植饲料蔬菜？一个吉卜赛人服役期满后，您能不准许他回他的吉卜赛篷车去？如果一个身上挂满了勋章的退伍军人选择当一个作家，您能不准许？一个已经在自己擅长领域从事工作的人，您是否准备违背他的意愿而把他调到一个基础工业部门去？如果不，那么您认为哪些种类的职业才适合这个目标？对德战争结束以后，贝文青年[①]又将如何安置？如果有人想上大学或者去打日本人，您是否也强迫他们到煤坑里去？

通过战时命令要求服满兵役的人违背自己的意愿去执行一些高端任务，我们可以轻松地做到这件事。但是，强令他们担任寻常的体力劳动，很可能恰恰挤掉了那些需要这些工作的人。依照我的原则，只有在危急存亡的关头才可以做这些极端妨害个人自由的事情。

不止我一个人认为对德战争结束以后，这种全面管制举国上下的强权不能继续维持。我不知道内阁曾经支持这个极度影响决定的原则。目前诸事繁多复杂，我也有很多事情要处理，但是我肯定会主张讨论或重行审查这件事。

上述话语都有原则和理论作为支撑。我相信，作为劳工大臣的阁下绝不会容许诸如此类的难题继续产生。除非国家到了生死存亡之际，否则每个英国人都应当是自由人。

1945 年 3 月 10 日

首相致生产大臣：

我已收到您 2 月 19 日关于青霉素的备忘录，谢谢。我高兴获悉我们终于能自己大量地生产青霉素。但是，我听说我国生产的青霉素，质量不及美国，为此我感到不安。如果此事属实，我希望不久就可以

---

① 指贝文任劳工大臣时以抽签的方式征调到煤矿工作的青年工人。——译者注

改善这种情况。我们绝不可求量不求质。

等到产量明显超过军队所需的时候，请进一步向我汇报，并计划如何把多余的产品供给民用。

1945 年 3 月 10 日

首相致枢密院长：

雅尔塔会议使用“托管制度”一词仅是为了限制属于“领土代管”讨论范围内的土地。这是十分有必要的，托管以前依附于旧国联，但该权力机构已经消失，无论将来再有任何安排，都不再属它管辖。我们当然不是致力于维护托管制度，但是除非我们自愿提出，否则绝不可能把非托管的英国属地交付出去，进行任何形式的领土代管。我个人反对这种偏离原则的做法，但是英国、法国、荷兰、比利时等国拥有许多殖民地，而美国、苏联和中国等国却没有殖民地，后者很可能会敦促前者同意这种做法。

1945 年 3 月 10 日

首相致海军大臣：

我对文职大臣在辩论（海军预算）中的言论感到非常吃惊，他说现在战争正在进行，此时正是扩建我们造船厂的大好时机等。请你们牢记，目前皇家海军所执行的任务，战后将由空军接替一大部分。无论如何，除了财政部进行和平时期的常规限制外（只要这种制度存在），不得做出任何影响战后政策的决议。请向我汇报目前扩建皇家造船厂的方针和计划，包括预计费用。

1945 年 3 月 10 日

首相致财政大臣、贸易大臣及农业大臣：

政府决定给予妇女土地服务队①战时津贴，但是我听说很多人对

① 指第二次世界大战中英国妇女志愿从事农林工作的组织。——译者注

此颇有不满。我认为，制订出的方案如果没有引起普遍的反感或产生重大损失，就应该去采纳这个方案，这样既明智又公正。我希望您能审查别人向我提出的下述方案，并且告诉我是否符合上述原则。

该方案提议，鉴于妇女土地服务队放弃的配给券超过了她们制作军装所需的特殊工种补贴，所以为离开土地服务队的妇女分发一种特殊的配给票和一定数目的补助金。

请你们火速审查此事。另外，我坚决支持。

1945 年 3 月 14 日

首相致陆军大臣：

3 月 10 日帝国总参谋长进行了总结报告，我最近一直在研究里面提到的最新欧战中截至最近的伤亡数字。

据我了解，2 月中旬美军的伤亡人数是我们的二点五倍。从 6 月 6 日至（次年）2 月中，以兵力数字平均计算，美军的伤亡人数约为英军与加拿大军的两倍。因此，英美盟国的伤亡比例大致相同，只是美国略微重些。

根据报告，美军阵亡与受伤的人数比率为 1:4.25，英国或加拿大士兵阵亡与受伤的比率则为 1:3.25。在意大利，美军阵亡与受伤的人数之间的比率也是高于英军，不过北欧的差异显然没有那么大——3.5:3.1。除非我们假设英国士兵比美国士兵更容易受伤，否则很难解释这两者之间的差异，或者对于“受伤”这个词的定义不准，因为两国军队面临同样的危险和武器。我想知道陆军部对此有何解释。

1945 年 3 月 18 日

首相致伊斯梅将军，转参谋长委员会、空军大臣和空军参谋长：

（荷兰外交大臣向我提交的）这份抱怨书从两个方面说明了空军部和皇家空军的问题。第一，它说明了我们干扰火箭的能力非常薄弱；第二，瞄准目标的能力非常差，导致荷兰人惨遭屠杀。此事必须进行详细的解释。我们收到过很多关于精准定点轰炸荷兰境内可疑德国秘密房屋和其他特定目标的报告，也收到了准确指出了火箭存放的树林和可干扰敌军供应火箭的铁路路线的报告。这些信息应该早就从空军情报处获知了。然而，我们却没有定期精准地轰炸这些地点，摧毁敌军的火箭发射场，而是在（海牙）上空肆意投放炸弹，伤害了无辜百姓的性命，挫伤了荷兰人民的感情。

1945 年 3 月 18 日

首相致财政大臣：

我知道外交部的工资又增加了六十六万六千八百九十三镑。为什么这样大幅地增加工资？此事是怎样与财政部进行商榷的？你们官员是否仔细核查过，还是仅仅依照战时命令行事？

欧战的巅峰时期已过，财政当然应该恢复有效管理。

1945 年 3 月 18 日

首相致内政大臣：

我不明白你们为何此刻还不投放传单。您和新闻大臣商量一下向海峡群岛广播的一些特写文章，我觉得不太可能在我的广播里去涉及这个话题。这应当作为一个专题进行广播，而不能当作某些公告里的一个话题。另外，我已经有十五个月了没有做过全国广播了。

1945 年 3 月 18 日

首相致总督导员：

请帮我调查一些关于 1888 年寇松、布罗德里克及沃尔默都因父丧而无法进入上议院的呈请或议案。

如果因为父亲的缘故而终结了儿子的政途，那是何等可悲。想必很多来不及进入下议院的人肯定有此遭遇。

1945 年 3 月 18 日

首相致威尔逊元帅：

请私下向马歇尔将军转达以下话语：首相认为，印度的法国军队缺乏军火，如果我们明明有办法援救却坐视不管，导致他们被日本人打得七零八落，那我们肯定会被后人诟骂。因此，他希望值此危急时刻，我们能不拘小节。[①] 另外，请您代我向他问好。

1945 年 3 月 19 日

首相致阿什顿先生：

我从报纸上得知中央办公室或党内领袖已经发布指令，即凡是超过七十岁的人都不能参加应届选举。我自然希望尽早知道这条限令是否也适用于我。

1945 年 3 月 19 日

首相致海军大臣及第一海务大臣：

在我看来，已经有人提议：（1）改装和提高已归还的拖网渔船的装备；（2）发还更多的拖网渔船。请向我汇报你们计划如何进行。如果你们没有解决办法，那我们只好提交给内阁了。

1945 年 3 月 25 日

首相致诺曼·布鲁克先生：

房屋供应小组会议定于星期三晚上十时举行。

我想特别强调战胜德国后第一年的劳动力供应问题，其中当然包括从军队和特别单位里解除部分人员的兵役以进行房屋建筑，也包括从军火工厂等单位裁减人员。我无法接受战胜德国后的第一年仍然保持八十万的最高额或五十万的平均额的服役人员。我计划，德国的有序抵抗一旦停止，我就马上着手研究从陆军中解除兵役这件事情。所有不按顺序退役的人自然会派遣到指定的类别。我还在考虑成立一些

① 马歇尔将军第二天就采取措施了。

特殊机动单位，订一个两三年的合同，建造准备基地或平房。这方面的人力主要从陆军工兵中吸收过来。

我们必须弄清楚地方当局的意见。只要战事依旧紧张，那么全国政府的权力仍然占据优势。

1945 年 3 月 27 日

首相致空军大臣：

你们没有理由宣称皇家空军击败了"V"型武器。皇家空军确实发挥了作用，但是我认为，他们的战绩显然比不上高射炮部队，也不及陆军清扫多佛尔海峡的全部"V"型武器发射设施后所得的功绩，没有他们的协助，即使空军出动全力，也无法阻挡敌军新一轮的毁灭性轰炸。

皇家空军至今仍无法对付，也没有能力对付 V2 武器。

我认为，如果过度夸大自己对付"V"型武器的战绩，会有损不列颠之战的荣誉，成为一件憾事。而且，这样也只会引起广大民众的嘲笑。

1945 年 3 月 28 日

首相致财政大臣：

根据我们目前在欧洲大陆的进展，我们似乎可以修改雅尔塔会议所定的欧战结束之日。我已向参谋长委员会提及此事，他们要求给予一段时间考虑。毋庸置疑，两周后我们肯定会了解更多情报，但是进行必要讨论却一天也不能延误。因此，你们的人力委员会现在制订的计划必须基于欧战最迟不超过 5 月 31 日结束，但要牢记，如果我们在德国遭到意外反击，我们可能还是被迫以雅尔塔会议所定的日期为根据。反之，德军也有可能会早日崩溃。

1945 年 3 月 29 日

罗斯福总统致斯大林元帅：

不瞒您说，雅尔塔会议取得了丰硕的成果，会后我一直关注影响

双方利益的事件的发展状况。我们在会上做出了很多好的决议，而且大多数决议也受到了世界各国人民的欢迎。你们能够寻求双方共同点，互相体谅，这大大保证了战后世界的安全与和平。这些决议给人们带来了希望和期待，也正因为这一点，人们也密切关注它们的执行情况。目前，我们在会上所达成的政治决议没有得到很好的贯彻落实，尤其是波兰问题，这大大影响了人们的期望。我实在不明白为什么会发生这样的事情，为什么贵国政府在很多事情上都采取如此冷漠的态度，这真让我难以理解。我们在雅尔塔会议上竭诚相待，我相信我们三国能够也定会清扫任何阻挡前进的障碍。因此，我在此坦诚相告，盼君予以考虑。

尽管我目前主要讨论的是波兰谈判所遇到的困难，但是我还需提一下我们在“欧洲解放区宣言”所达成的协议。我实在不明白，为什么罗马尼亚最近发生的事情不在该项协议范围之内。我希望您抽空亲自查阅一下我们两国政府在此话题的往来函电。

然而，在雅尔塔达成的协议中，最受大众关注的、也是最为迫切的部分即是波兰问题。您肯定知道我们建立的委员会并没有取得多少进展。我认为，这是因为贵国政府对克里米亚决议有不同的看法。为了避免误解，我在此列出我对协议的几点看法，这应该也是委员会在莫斯科遇到的主要问题。

我们一致同意成立新的波兰全国统一临时政府，但截至目前，在我们的多次讨论中，你们主张成立的新政府似乎与当前的华沙政府毫无差异，就是它们的延续。我认为这不符合我们的协议或讨论。卢布林政府在改组后必须产生一个新的政府，其成员也需具有重要的影响力。这一点在协议的多个地方都有清楚写明。我必须向您说明，任何解决方法如果只是一层伪装，实质却是当前华沙政府的延续，那就不会得到认可，也会导致美国人民认为雅尔塔协议已经破灭。另外还有一点也很明确，出于相同的理由，根据协议，华沙政府无权选择或否决哪些波兰人前往莫斯科与委员会进行洽谈。我们难道不能先由该委员会决定选择哪些波兰领袖前往莫斯科洽谈，然后再发出邀请吗？如

果做到这一点，那我相信没有人会反对先让卢布林群体前往莫斯科，以使充分了解雅尔塔决议对这一点的共同阐释。为了促进决议，委员会可以先挑选一小部分具有代表性的波兰领袖，然后再由他们推荐其他人选供委员会挑选。我们从未也不会否定莫洛托夫先生可能推荐的任何人选，因为我们相信他不会挑选任何反对克里米亚决议的波兰人。我想请你们也给予我国大使同样的信任，这样不算过分吧。很显然，如果委员会挑选这些波兰人的权利受到限制或需与华沙政府分享，那将严重破坏协议的基础。

我认为上面所述的障碍直接影响了委员会无法在这件事情上取得任何进展。此外，我还另有两个建议，虽不在协议范围里，但也会严重影响我们完成此事。这两个建议至今都没有得到贵国政府的认可。我指的是：

（1）波兰政治局面应该尽可能地保持平静，政见不同的团体应该停止所有相互攻击的行为。我们双方可各自运用我们的影响力来实现这一目的，我认为这非常合理。

（2）委员会的英美两国成员根据协议赋予他们的责任，应该有权进入波兰，我认为这也非常合理。

我希望您能够明白，能否公正快速地解决波兰问题，深深影响了我们国际合作计划的进一步发展。我们肯定无法忘记，在争取达成协议时，我们面临了种种不利于盟国团结的困难和危险。如果此事没有得到很好的解决，那么这些困难和危险将会变得更加尖锐。我相信您肯定知道，没有美国人民的真正支持，美国政府无法执行任何政策，无论是对内政策还是对外政策。一旦美国人民下定了决心，政府都无法改变。我提及这一事实，是因为您在上次来函的末段提到了莫洛托夫出席旧金山会议一事，这让我不禁怀疑您是否充分重视此事。

1945 年 3 月 29 日

首相致财政大臣：

我已收到您的备忘录（附有政府各部门组成的公共关系委员会的

报告），并对此深感不安。如果此事提交内阁，我肯定主张消减所有的公共关系部门百分之二十五的经费，还会主张成立一个部长级委员会来分担各部门的职责。同时请向我汇报，开战前一年的公共关系支出了多少费用，今年预计支出多少，或去年一整年实际支出了多少。

我总是竭力帮忙解决调度支出问题，而且您没有猜错，我真的很失望。

1945 年 3 月 30 日

首相致海军大臣和第一海务大臣：

鉴于西线进展顺利，而且德国潜艇攻击后的船只的实际损失也远比海军部的预计损失要小，因此我要求 4 月必须解除百分之十的高级拖网渔船，5 月再解除百分之十。6 月我们根据战事发展情况再商量释放船只的数量。我相信你们能够遵照指示去执行，无需我再秘密地提交内阁。英国的粮食供应问题十分重要，既能影响战事，也能影响全国。

另外也请汇报，如果这些船只保留船上的大炮，它们能否出海捕鱼。如果要改装成为运输船只，预计每条船只需要用时多久。我要求加快改装那些已经解除兵役的旧式拖网渔船时，我发现大半船只已经破败不堪，无法穿行于各港口。因此，此事值得一做。

1945 年 3 月 30 日